天下文化

BELIEVE IN READING

社會人文 BGB486

大崩潰

一次看懂美中台戰略三角

馬紹章 著

謹以此書獻給我的家人，
並祈佑兩岸爭議能善了，兩岸政府尋善治，兩岸人民得善果。

目錄

推薦序

三角轉兩極：勢與運的賽局

黃介正

對台灣而言，「兩岸的主戰場在華府，支戰場在台海；穩華府則台海可保，失華府則不戰而危」的論述，既是務實的生存法則，也是無情的民族命運。七十年來，兩岸關係不僅只是北京與台北之間的兩造對局，美國因素更始終是兩岸決策者見己知彼的決策考量。

「美中台三角」描述美中、台美及兩岸三組雙邊關係所連結而成的三角框架，任何一角之弱，或任何一組雙邊關係之破，則由另兩強形成犄角，以致三角崩潰，鼎足難立。

本書以學術理論、政策趨勢與權力結構與運作的綜合性視角，輔以作者二〇一六年所著《兩岸走鋼索》一書為基底，試圖拉遠鏡頭與視野，將影響兩岸關係七十年最鉅的美國導入整體分析結構，並大膽直言美中台「戰略三角」即將面臨大崩潰，可以視為一部強權爭鬥的預言書，也可以稱為一部事前翻閱的歷史書。

海峽兩岸正經歷中國大陸啟動經濟改革與對外開放政策以降，四十年未有之變局。中國大陸與台灣在外交能量與機會、經貿量體與規模、軍事科技與戰力上，逐漸演變成綜合實力完全不對稱狀態，發話權與主動權高度向北京傾斜，自然導致七十年來的美中台戰略三角架構難以支撐。

其實「戰略三角」之所以緩步邁向崩潰，更與習近平所稱中國大陸面臨百年未有之大變局有關。一方面是中國在快速的崛起中，逐漸累積強國強軍的實力，正走出「百年國恥」的自我意識，開始做「中華民族偉大復興」的夢。另一方面是美國百餘年來扶持中國自立並融入世界的政策，既沒有達到轉化共產黨極權政治體制之目的，反而有了「養虎貽患」的戒心，在過去十年逐步總結出「修正主義強權」的戰略認知，「三角轉兩極」的動能愈益明朗。

美中台戰略三角，本即為兩大一小的非對稱結構，框架之傾覆崩解，並非無可想像。作者所列五種崩潰模式，因涉及美中台三個行為方的決策考量，均有不等的觸發機率，蓋只要台灣存在，三組雙邊關係便仍然存在，且將繼續發展演變，並至少受到以下三個因素的拉扯：

中國大陸「四個全面」戰略布局的成效。「全面建成小康社會，全面深化改革，全面依法治國，全面從嚴治黨」環環相扣，是中國從「亡黨亡國」脫險求生的「葉克膜」，是攸關共產黨能否維持有效治理與永續執政的關鍵。然而，「黨管一切，定於一尊」的統治模式在中國大陸能否不斷複製演進，保住「紅色江山」，仍是未來三十年更嚴峻的挑戰與懸念。

美國「區隔共產黨與中國」思維的發展。美國透過對中關稅貿易戰、科技規格戰、貨幣金融戰，甚至準備軍事對抗部署等多元手段遏制中國，力圖維繫「後二戰國際秩序」與「後冷戰獨霸地位」，已經展開。美國副總統彭斯連續兩年政策演說的暗示，以及國務卿龐培歐演講的直白，所諭示美國決策圈醞釀「反共不反中」的論點，能否蔓延擴張成為思潮，值得觀察。

美中台三方「世代交替」必然的規律。七十年前成形的「兩岸隔海分治」與「戰略三角」，已經跨越至少三個世代，至今屆臨「二戰後嬰兒潮」全面退休，美中台三方的接棒世代決策菁英，對於過往三組雙邊關係互動之理解，避險之策略，紐帶之奧妙，交情之傳承，都不必然得以延續，創新或危殆不可預知。美中之「貿易脫鉤」或為談判策略，兩岸的「心靈脫鉤」則可能演成民族大禍。

美中台三方，力不敵，可求勢均，命不同，常有運轉；對抗與綏靖之間，交往與脫鉤之間，干預與遺棄之間，政策容有變化，利益經常持恆。

紹章兄以雄厚的學術研究根基，見證兩岸關係發展近三十年，並親身與聞中國大陸政策制訂與執行，不但對於雙方決策邏輯與政策意圖深有琢磨，以至兩岸互動與美國角色之棋盤運行，深明美中台「戰略三角」框架逐漸面臨崩潰之局。

綜觀書稿，作者展現中華民族知識份子之憂，傳道解惑之責，寄身於翰墨，見意於篇籍，不假良史之辭，不託飛馳之勢，實乃持高節，從初心，不忍藏私而成此書，為同儕後學之榜樣，余得幸早讀學習並為作序。

（本文作者為淡江大學國際事務與戰略研究所副教授）

推薦序

言所當言，讓台灣不致落入最壞境地

黃奎博

為什麼台灣原本賴以為繼的美中戰略關係可能會崩解，導致台灣面臨生存危機？無論是台灣在美中戰略關係的位置也好，台美中戰略三角也好，馬紹章博士在本書單刀直入的指出，台灣遲早將遭遇巨變，而且很可能是朝對台不利的方向。

這樣的巨變有些前提，包括美國與中國大陸的實力差距不會擴大、美中不至於武力相向、台灣既沒有辦法獲得美國全力支持又沒有辦法找到其他夠影響力的行為者以為靠山等。馬博士認為，民進黨蔡英文繼續執政，如果台灣不維持與美中雙方戰略互動，戰略三角關係將「在不穩定中走向崩潰」；如果台灣努力維護與美中雙方戰略互動，戰略三角將「在穩定中延後崩潰的時機」。

或許有人不以為然，認為美中實力差距將逐漸拉大，雙方甚至終須一戰（而且美國戰勝），美國（甚至與我國理念價值相近的國家）對中共打壓台灣的態度逐漸不耐，一切都朝向對台灣有利的方向在轉變。還有人認為習近平為了交出兩岸關係成績單，會識時務的向勝選的、宣稱「維持現狀」的民進黨政府打交道，因為中共無法承受兩岸兵戎相見時美國介入的後果，或者習近平政權不改革就會崩潰，而改革成功會讓台灣更安全。

馬博士對前述想法均一一反駁，而且點出台灣人民在台美中長期戰略關係的架構下，認為台海和平是理所當然、對美國過分依賴或錯誤了解而不自知、容忍「打著民主反民主」的內部政治濫權等三個「印記」，將會在可預見的未來把台灣帶入更危險的境地。到時候，台灣如果不能爭取到所謂的「圓桌模式」，與中共經過政治談判達成某種程度的政治協議，便可能遭遇到中共對台採取更強烈的打壓封鎖策略，或者美國逐漸縮小甚或放棄對台承諾，導致中共更直接壓迫台灣做出政治妥協。

馬博士剴切陳詞，認為台海兩岸遲早將在現有的台美中戰略互動架構崩解後，在政治上攤牌，希望我國政府和民間有此認知及心理準備。馬博士會不會析論錯誤？如果不是昧於事實的話，各種推論都是以事實和預判雙管齊下的方式當作基礎，馬博士自然也不例外。即便事實只有一個，但預判多多少少會有主觀成分在裡頭，因此會產生政策對話上的火花。

台海現狀已經無法維持，而樂觀的認為中共終將失敗或對台讓步，或者自我感覺良好的認為世界主流國家逐漸對我國伸出政治援手，顯然需要更多的重要事實輔以政治預判，才能取信於人。馬博士在本書中提出許多重要事實，鋪陳出他政治預判的理由，雖然多數的析論發展都是對台灣整體安全不利，但其可能性確實不可忽視。

作為負責任的知識份子，馬博士點出台灣的硬實力、軟實力（包括中華文化加民主人文的生活方式）、聯結力（以地緣經濟價值鏈的位置聯結中國大陸與世界其他地區），是台灣在面對兩岸關係和美中關係變局時相對消極的做法。而且他還建議了積極的做法，亦即於當下支付一些代價，以換取兩岸關係未來更多的時間和更大的機會。這些積極的做法包括主張「九二共識」，以及化「統獨之爭」為「治理模式之爭」，以助台灣爭取較佳的兩岸談判條件。

不知道在民進黨政府將「九二共識」話語權一股腦讓予中共，而國民黨無力解釋的今日，以及在民進黨政府「去中（華民）國化」方興未艾，而兩岸政治疏離感愈來愈重之時，前述的積極作為還能在台灣社會獲得多少的認可與支持？即使整體政治氛圍不利兩岸交流，但該大聲說出來的還是要大聲說出來，希望讓台灣面臨美中戰略變局時，不致落入最壞的境地，而這也是本書問世的最主要目的之一。

（本文作者為政治大學國際事務學院副院長、對外關係協會祕書長）

自序

二〇一六年寫完《走兩岸鋼索》，但總覺得言猶未盡，這本書的出版補上了美中台戰略三角這一塊，雖了心願，卻增心憂。本書可以說是《走兩岸鋼索》的下冊，但兩本書彼此獨立，關切的都是台灣的前途，只是視角不一樣。

《走兩岸鋼索》談的是兩岸三黨的互動與困境，尤其是中國大陸的變化以及對台政策的邏輯，因為台灣民眾對中國大陸的認識不夠深刻，也因為不夠深刻，而有許多的認知錯誤。《走兩岸鋼索》出版時，剛好是民進黨全面執政一個多月，不幸的是，兩岸的發展一如書中預測，這是令人又心酸又心痛的事。如今民進黨又再度以懸殊差距贏得二〇二〇總統大選，未來兩岸關係究竟會如何發展？這是台灣無法逃避的問題。個人覺得，台灣安危的根本在於美中台戰略三角，如果不對這個戰略三角做深入的分析，民眾恐怕不會理解台灣正面臨的險境。這本書要談的就是美中台戰略三角。

一般民眾不會了解什麼是美中台戰略三角，但應該都了解，台灣的安全主要靠美國。本書是想告訴台灣民眾：（一）不管你多討厭共產黨，台灣的命格離不開中國大陸，這是台灣的先天條件。（二）美國支持台灣是基於戰略利益，而台灣對美國的戰略利益是變動的，台灣不能只想依賴美國。（三）美中之間現在雖然看似競爭十分激烈，貿易戰起伏不斷，但兩者最終會達成共識，而且在這個過程與結果中，台灣都會受到波及。（四）美中台戰略三角的關鍵因素是實力的變化，而美中實力差距日漸縮小，中台實力差距則日漸擴大。（五）美中台戰略三角必然走向崩潰，這是它的宿命，台灣終將失去美國的保護傘。面對這樣的情勢，台灣需要有長遠的戰略規劃。

台灣民眾面對中國大陸，心中多是情緒性的反應，既不希望被中國大陸統一、生活在那樣的制度之下，又害怕美國哪一天又背叛我們，心中是既焦慮又不滿，這樣的情緒壓倒了理性思考，不只壓倒了理性思考，也看不到其他活路。有些人會說我是失敗主義，但何謂失敗？何謂成功？蔡英文政府拒絕九二共識，三年多丟了七個邦交國，這是成功？還是失敗？成功或失敗完全看你在乎的是什麼，想得到的是什麼。如果你在乎的是台灣獨立，你可以說我是失敗主義，因為我看不到台獨成功的可能性，也看不到台獨成功的路徑。如果你在乎的是台灣現在的生活方式可以持續更久，有更多發展機會，對中國大陸的未來有更大影響，那你或許可從此書中找到一些啟發。

本書共分五章，第一章說明何謂戰略三角以及它形成與崩潰的條件，並且從穩定與崩潰的角度來看美中台戰略三角自形成以來的變化。個人將美中台戰略三角的變化分為五個階段，在這五個階段中，三方各自扮演不同的角色。

第二章則分析戰略三角為何必然崩潰的原因，主要是從戰略重要性

（strategic salience）、實力不對稱（power asymmetry）兩面向與六因素來分析。其中有兩個因素至為關鍵，第一是中國大陸沒有放棄台灣的可能，第二則是實力的變化。尤其是實力的變化，會導致戰略三角結構性的變化，最終走向崩潰的命運。

第三章的重點是美中台三方對彼此的認知，這是決策的心理基礎。自韓戰起美中台戰略三角已存續近七十年，在台灣留下深刻印記，但很多人並不自覺，了解這個印記有助於我們了解台灣的處境。本章另一個重點是，美中台三方對彼此的認知都在改變中，同時也反映在美中台戰略三角穩定與崩潰的變化上。

崩潰既然是美中台戰略三角的結局，那在什麼條件下，會以什麼模式崩潰，則是第四章的重點。個人將戰略三角崩潰的模式分為五種——抽身模式、圓桌模式、蟒蛇模式、烽火模式、修昔底德模式。這五種模式各有其條件，當然，對台灣的影響也不一樣。所謂凡事豫則立，不豫則廢，尤其是生死存亡大事，台灣不能不思考這五個模式的意義與選擇。

面對戰略三角必然崩潰的結局，台灣應有什麼樣的戰略思考，是最後一章的重點，也可以說是兩本書的最終建議。以當前情況而論，民進黨把自身困局變成台灣的困局，要跳脫當前的困局，就必須先跳脫民進黨的困局。換言之，如果民眾沒有戰略思考的轉變，就無法促成民進黨戰略思考的轉變，即使國民黨執政也一樣，否則台灣就只能繼續內耗的悲劇。

戰略思考的目的是要為台灣找一條活路，戰略思考的前提也是價值的選擇。個人始終認為，台獨不僅是錯誤的目標，也是虛假的目標，維繫並提升台灣現有生活方式，才是最重要的目標。在這個目標之下，台灣需要的是時間與機會。在本章我提出「命格」的觀念，也就是台灣先天的時空條件，順之則昌，逆之則危。接著必須思考三個大問題。第一個大問題是台灣的定位，個人提出了三個定位：一把鹽、一件精品、一條價值鏈。第二個大問題是台灣的選擇，以及這些選擇對台灣的意義。這些選擇其實就是認知的轉變，包括九二共識的選擇、統獨與治理的選擇、崩潰模式的選擇。第一項選擇不是未來的選擇，而是當下的選擇；

第二項選擇及第三項選擇則是未來必然面臨的選擇。第三個大問題是台灣的依靠，亦即我們究竟有什麼依靠可以讓我們達成戰略目標？個人認為台灣過去有「老三靠」——戰略三角的結構性保障、團結、實力，但從過去到現在，三靠的時空環境已發生變化，老三靠必須轉換成新三靠，否則台灣的前途將無所依無所靠。

二〇二〇總統大選結束了，蔡英文總統連任成功，創下得票數八百一十七萬的歷史紀錄。這次大選反映的是台灣民眾對中國大陸促統的疑懼。選前我寫了一篇短文〈中華民國，你變了嗎？〉，文中有一段話，「中華民國你的圖象已經變了，中華民國台灣化已是難以回頭的一條路。」這樣的趨勢，已成兩岸政府必須謹慎應對的現象。選前與選後，有不少中外學者認為中國大陸的對台政策犯了嚴重錯誤。例如美國學者祁凱立（Kharis Templeman）的撰文〈台灣二〇二〇年一月的選舉：對美國與中國的展望和意義〉，相當具有代表性。他在文中指出，如果蔡英文連任，而北京仍繼續其二〇一六年後的政策，從北京的角度來看：（一）北京的短期策略破壞了其長期目標，因為修理蔡政府就是對台灣選民的不尊重。（二）如果像蔡這樣宣示要維持現狀或表現理性的領導人都得到中國大陸這樣的對待，那蔡與繼之的領導人又何必在乎現狀。（三）北京現在的政策只會讓台灣人民離統一愈來愈遠[1]。他認為「如果北京採取了四年的壓力政策都未能改變蔡的言行，或者轉變台灣的民意支持統一，並且把台灣的領導人更進一步推向美國，那就很難讓人理解為什麼還要繼續四年這樣的政策，並且犧牲北京過去十五年來一點一滴努力建立的，對中國大陸僅存的一些有機的吸引力（organic attraction）」。

日本學者松田康博在選後接受自由亞洲電台的專訪中也表示：（一）中共的「一中原則」、「和平統一」、「一國兩制」本身的原則和前提，就隱藏一個很大的錯誤。（二）習近平以為可以不顧台灣民意的對台策略是一個錯誤的判斷，尤其是想要縮短、加快、硬推兩岸統一。（三）習近平應該改變鄧小平的框架本身，但他反而更硬、更僵化。雖然他認為台灣的地理位置決定了台灣的宿命，但台灣的身價很高，應該好好利用這個優勢[2]。

其實，中共或習近平有沒有犯錯，不是以一次選舉來論斷，也不是以短期的變化來論斷。這些學者可能都忽略了，他們認為中共在對台政策上有沒有犯錯根本不是重點，真正的重點在於中共是否會做重大調整，例如願意在沒有九二共識的前提下與民進黨政府對話。要了解中共的政策，需先了解其內在的邏輯。「一個中國」、「和平統一」與「一國兩制」是中共對台長期戰略的核心，從鄧小平至今未曾有過絲毫變化，對中共來說，如果因為台灣選舉的結果就對民進黨政府讓步，那豈不證明民進黨拒絕九二共識是有理的，豈不是更進一步鼓勵台獨力量，又豈不是證明自己是如假包換的紙老虎？尤其蔡英文總統在二〇二〇年一月十四日接受ＢＢＣ專訪時強硬表示：「中國需要準備好面對現實……局勢已經改變了，模糊已經無法再奏效了……我們已經是獨立的國家了，我們自稱為中華民國（台灣），我們有政府、軍隊和選舉……任何時候都無法排除戰爭的可能性……對中國來說，侵略台灣或試圖侵略台灣將付出很大的代價。」如果還期待中共有所重大改變，那真的就是痴人說夢了。

簡單地說，中共對台政策不會有根本的變化，仍然會延續其現在的蟒蛇模式。對民進黨政府來說，不能寄希望於中共的改變，而是應該像松田康博所說，利用高身價為台灣爭取時間與機會。選舉是人民意志的展現，但只有意志沒有手段，與義和團何異？民進黨政府固然有人民的意志為後盾，但作為政府，不能誇大人民的意志，最主要的責任還是要拿出手段與工具謀取台灣最大的利益。

我們都生在台灣，長在台灣，或許也終將死在台灣，台灣已是這一塊土地上所有住民的原鄉，沒有任何人有資格來評判他人對這塊土地的感情。台灣人可以有更大的格局，台灣的存在不只是對台灣人有意義，也對中國大陸的未來有意義。我們如果能從這個高度來看兩岸，視野就會不一樣。台灣是中華民族數千年來，唯一開出民主花朵的土地，多麼難得，多麼令人感動。然而，統獨扭曲了民主，拖延了發展，每思及此，都會一嘆再嘆。

這本書斷斷續續寫了三年多，直到二〇一九年十月中才正式定稿。這一段時間我心中對台灣前途的憂慮是有增無減，也愈來愈悲觀；情緒終究是人的主宰，這也是我在香港和台灣看到的現象。在這樣的時代，寫這本書是高度的政治不正確，但對斯土斯民斯國的感情，我不能不留下自己心中真實的聲音。

本書的完成，先得謝謝我的太太，我因為專心寫作，常常忽略了她，但她對我的照顧卻無微不至，這是言語無法表達的。我也要特別感謝考試院參事熊忠勇先生，他是第一個閱讀本書初稿的朋友，提供很多寶貴意見。最後，我要感謝黃奎博教授與黃介正教授特別賜序，他們是國際關係的專家，同樣關心兩岸的未來發展。他們的序寫得十分精彩，為本書增色不少，當然，本書所有文責由我自負。

注釋：

1 Templeman, Kharis, “Taiwan’s January 2020 Elections: Prospects and Implications for China and the United States”. https://www.brookings.edu/research/taiwans-january-2020-elections-prospects-and-implications-for-china-and-the-united-states/.

2 松田康博的專訪網址為https://www.youtube.com/watch?v=2-U0TRqvm10。

第一章

美中台戰略三角——台灣安危之本

我們都是歷史的幸運兒，七十年來一路顛簸動盪，卻享受了和平帶來的經濟果實和民主奇蹟。幸運和危機就如雙胞胎，幸運讓人討喜，危機令人厭惡，而幸運總讓人忽視了危機的存在。這本書要談的，就是危機——美中台戰略三角崩潰的危機。

一九五〇年，中華民國絕處逢生。一路潰敗到台灣的國民黨政府，在加護病房中僅一息尚存，美國亦想撒手不管，讓其自生自滅。沒料到韓戰爆發，美國重新重視台灣的地緣戰略價值，美中台戰略三角於焉形成，將中華民國救出了加護病房，且存活至今。不認識美中台戰略三角的本質，就很難了解台灣安危將何去何從。

從一九五〇年至今，美中台戰略三角持續了將近七十年。對現在的年輕人來說，他們一出生就是活在這個三角的安全傘下，就像陽光、空氣、水一樣自然。多數民調亦告訴我們，不少民眾希望兩岸能夠永遠維持現狀，或者維持現狀後再獨立，其所反映的就是這種心理。但是沉醉在這種心理的人該醒醒了，因為美中台戰略三角必然崩潰，兩岸之間沒有永遠維持現狀這個選項，更沒有維持現狀再獨立的可能。這不是危言聳聽，卻是一般人不願面對的現實。

人對危機總是視而不見，也沒有準備，等到危機一旦發生，恐怕就已太遲。尤其川普上台後，美中之間的戰略競爭加劇，更讓一些人心生幻想，以為台灣更為安全了。美中台戰略三角的穩定本來就是一個程度不同的動態變化，從二〇一六年後已愈來愈不穩定。只要深入探究影響美中台戰略三角穩定的因素就會知道，崩潰是不可避免的趨勢，問題只在於條件、模式與時機而已。

本書主要有三個重點，第一個重點是分析美中台戰略三角為何必然崩潰；第二個重點是探討美中台戰略三角崩潰的條件與模式；第三個重點則是台灣的因應戰略。不過，在開始談這三個重點之前，我先簡略說明一下什麼是戰略三角（strategic triangle）。

什麼是戰略三角？

兩岸關係從來就不是兩岸關係，不把美國的角色放進來一起觀察，必然失真鬧笑話。美中台戰略三角是目前理解兩岸關係的過去、現在與未來最有用的一個參考架構，它的變化直接關係到台灣的安危。

戰略三角是美國政治學者羅德明（Lowell Dittmer）的創見，原是用來分析美國、中國、蘇聯之間的角色與關係，後來被廣泛應用在美國、中國、台灣三邊關係的研究上。之所以加上「戰略」二字，我認為有其特別涵義。第一，戰略蘊涵了三角各方皆有其核心利益，而且這些利益基本上具有衝突性，沒有衝突性，就沒有戰略三角。其次，戰略蘊涵了各方的行為是一種連續性的博奕，彼此相互影響。就像下棋，有布局，有戰術，看似一著，想到的卻是好幾著。第三，戰略固然與軍事有密切關聯，卻也代表了各種資源的動員與利用，是一種超軍事的概念，換言之，三角之間是全方位的競合。最後，也是最常被忽略的，亦即戰略有其思維的基礎，此一思維包括彼此對核心利益、關係與行為的理解，以及對形勢的判斷等等，而思維的轉變往往帶來戰略三角關係的變化。

羅德明認為，戰略三角的存在要先滿足兩個客觀條件：（一）戰略三角的各方，都要認知彼此對自己在戰略上的重要性（strategic salience），換言之，彼此之間的生存發展都受到彼此行為的重大影響。（二）雖然三方各自的戰略份量未必相同，但彼此都是獨立自主的行為者，亦即沒有一方可以完全控制他方的行為。因此，任何一組雙邊關係都會受到第三方的影響，反之亦然[1]。

我個人認為，除了戰略重要性之外，也應該具有戰略的衝突性，這是第三個條件。美中台的關係完全符合這三項條件，因此，本書所謂「戰略三角的崩潰」是指以上任一條件的消失或不存在，但這並不代表兩岸會出現立即的統一。

羅德明的戰略三角是從三個國家之間的友好或敵對，來分析其關係與行為，他認為戰略三角有以下四種型態：

（一）三邊家族型（Ménage à trois）：三方皆為友好關係。

（二）羅曼蒂克型（Romantic）：一方同時與另外兩方保持友好關係，而後者相互間為敵對關係。

（三）結婚型（Marriage）：三方之中有兩方維持雙邊友好關係，同時與第三方交惡。

（四）單位否決型（Unit-veto）：三方都是敵對關係。

在不同的型態中，每一方的角色都有所不同，如圖1.1所示。

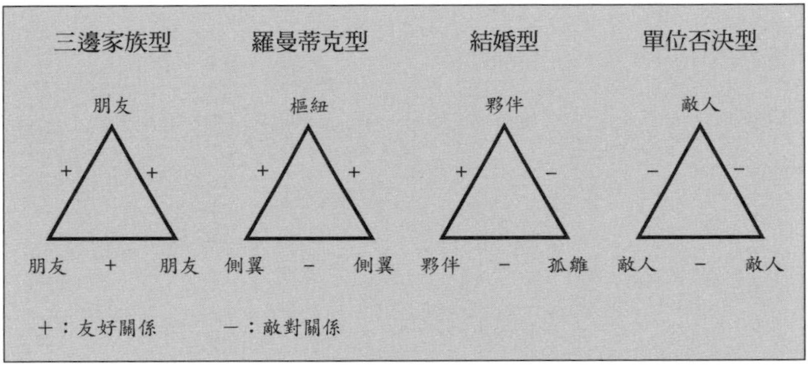

圖 1.1　戰略三角的型態與角色

根據吳玉山以及包宗和的研究，戰略三角中不同角色之間的效益並不一致，而角色均會朝向效益高的方向前進。包宗和認為，樞紐的效益大於朋友，夥伴的效益大於側翼，敵人大於孤雛[2]。其關係如圖1.2所示。

個人認為，羅德明的架構在分析美中台戰略三角時，應根據此一戰略三角的特性稍做調整，尤其這是一種不對稱的戰略三角，亦即台灣的實力與其他兩方有相當的差距。

首先，戰略三角存在的前提之一是，三角中至少有兩方的戰略利益有衝突性，是以三邊家族型應該不屬於戰略三角的範疇，因為三方都是友好關係，就像美英法三國，或者美加墨三國。換言之，戰略三角中沒有三方皆朋友這樣的關係。從本書的觀點來看，三邊家族型其實就是戰略三角的崩潰，因為前提已不存在。

此外，友好或敵對關係有時很難分辨。以美中台戰略三角中美國的樞紐角色為例，吳玉山認為美國在美中台戰略三角關係中，是非自願樞紐。「華盛頓並沒有在兩岸之間利用『傾斜』的策略來獲取利益，反而苦於兩岸各自動員本身在美

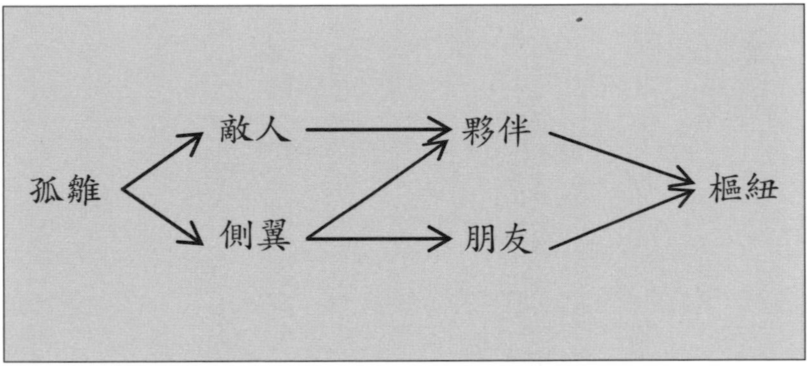

圖1.2　戰略三角的角色效益

國的支持者，來影響華盛頓的對華政策。美國政策的搖擺不是出於季辛吉式的謀略，而是反映了行政當局在不同時間受到親台北和親北京勢力的影響，從而做出被動的反應。因此美國所扮演的角色是『非自願的樞紐』（unintending pivot），不但沒有獲得樞紐地位所應該帶來的戰略利益，反而苦於兩岸所施加的交叉壓力。此時扮演『非自願樞紐』角色的國家，其實更為期望創造一個三邊家族型的三角關係，而將本身的地位從樞紐變成朋友[3]。」無可諱言，在小布希總統執政期間，美國的確苦於應付台灣所製造的危機，但這並不代表美國就會期望三邊家族型的關係（亦即戰略三角的崩潰），因為美國與中國大陸仍有戰略利益上的衝突。

美中台之間根本沒有三邊家族型這個選項，即使在前總統馬英九執政時期，不僅美中競爭態勢依然存在，而且即使兩岸關係改善，但主權爭議並未消失，中國大陸統一之意志並未動搖，中國國家領導人習近平更在二〇一三年表示，兩岸長期存在的政治分歧問題終歸要逐步解決，總不能將這些問題一代一代傳下去。

因此，二〇〇八年後兩岸關係的改善其實是一種戰術變化，而非核心利益的改變。換言之，美中台三方仍有核心利益上的衝突，三邊家族型是一種假象，更何況美國仍然扮演著三角平衡的關鍵角色。

冷戰時期的美中蘇關係可適用於戰略三角，是因為彼此友善與敵對的關係較容易判定，但以現在的中美關係而言，面向既多，複雜度亦高，基本上是既競爭又合作，友、敵的概念太過簡化了，而且兩者關係也會隨著實力變化而改變。實務上，兩者關係的變化究竟是質變或者是量變，也很難有客觀的標準。以兩岸來說，敵對也有性質與程度之別，例如馬英九時期和陳水扁及蔡英文時期就有很大的差別。

從羅德明的架構來看，美中台戰略三角邏輯上就只有兩種可能，亦即「羅曼蒂克型」與「結婚型」，三方不可能同時友好，台灣也不可能同時與美、中為敵。從理論角度來分析，馬英九執政和蔡英文執政下的戰略三角究竟是哪一種型態，是必須處理的問題。如果兩個時期都是羅曼蒂克型，但很明顯，馬英九時期的三角與蔡英文時期不同。如果馬英九執政時是羅曼蒂克型，但蔡英文執政，卻是朝向結婚型發展，此時美國的角色卻是由樞紐退至夥伴，與理論的預期不合。此外，圖1.2的角色選擇在去掉朋友角色之後，將變成圖1.3的態勢。

從理論來看，蔡英文時代台灣的角色是從側翼提升為夥伴，但台灣選邊站的結果反而風險更高。這些都是戰略三角原始模型無法處理的問題。

美中台戰略三角各方的核心利益

戰略三角的存在，代表三角的核心利益彼此相關而且衝突，彼此會利用關係的操控來相互影響，並增進（或達到）自己的核心利益。因此，討論美中台戰略三角的第一要務，就是確定三方各自的核心利益為何，並由此進一步探討其崩潰的必然性。

孟子見梁惠王時說：「王何必曰利，亦有仁義而已矣。」這是腐儒之見，在國際

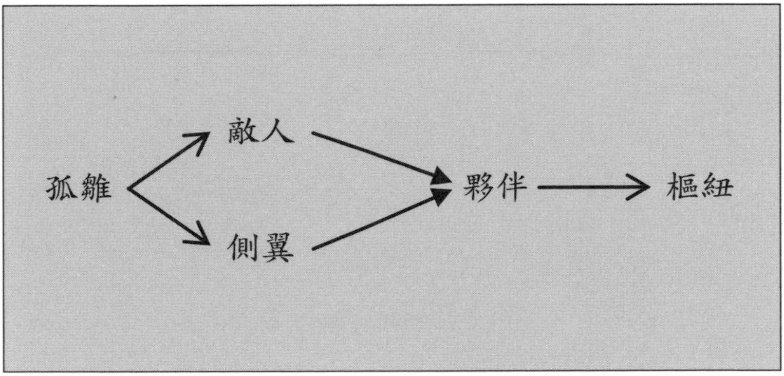

圖1.3　去除「朋友」角色的戰略三角角色態勢

政治中，大家只曰利而已矣，至於仁義，往往只是利的包裝。美國對台政策的變化即為明證。

一、美國的角度

美國在二次大戰末期，就已經從亞太地區的大局來看台灣未來的戰略價值，尤其是像葛超智（George Kerr），一向主張台灣自決或託管。一九四四年時，哥倫比亞大學設立的「福爾摩沙小組」也曾建議軍事占領台灣，但未付諸實施。二戰結束後，台灣雖由國民政府接收，但由於國民政府在國共內戰中敗象已露，美國政府決定放棄退守台灣的國民政府。一九四九年八月五日美國政府發表《中美關係白皮書》，對國民政府措詞嚴厲，同年十二月三十日，美國政府認為「福爾摩沙的戰略重要性不值得公然的軍事行動」，隔年一月五日杜魯門總統更發表聲明，「不介入台灣海峽爭端」。在那個時候，美國寄望的是和中共建立新關係，美中台戰略三角根本就不存在[4]。

台灣本非國民政府建立反共基地的首選，最後退守台灣是既無奈又意外，此時的國民政府如風中殘燭。然而，中共在攻打台灣之前卻先爆發韓戰，使美國重新重視台灣的戰略價值，美中台戰略三角在這個偶然的歷史機緣下成立，自此中國大陸完成統一的目標就成了難以實現的懸念[5]。

在美中台戰略三角中，美國最主要的核心利益在於台灣的地緣戰略價值，過去是圍堵中共，現在則是阻撓中共的崛起。在二戰末期，美國的外交及軍情單位即對台灣的戰略價值展開研究。韓戰爆發之後，美國重新評估亞太情勢，認為與中共改善關係已不可行，而台灣具有圍堵共產主義的戰略地緣價值，必須防止中共取得台灣。對美國來說，一個統一的中國將崛起得更為快速，台灣既是圍堵中國大陸進出西太平洋的重要門戶，更是用以牽制它的籌碼。雖然尼克森在一九七〇年代改變對中政策，但美國顯然也不願意放棄台灣，因為美國仍想維持其在西太平洋的勢力範圍。美中建交後，美國國會還通過《台灣關係法》，後來雷根總統再加碼所謂「六項保證」，一九九六年台海危機時，柯林頓總統還派了兩艘航空母艦到台灣海峽。

然而，中國大陸的崛起不僅速度驚人，而且企圖心日益顯著，對美國來說，已日漸威脅其在亞太乃至世界的領導地位。因此，從歐巴馬時代開始，雙方的關係已出現質變的跡象，到川普時代，戰略競爭的態勢更為明顯，尤其是中美貿易戰，更是自一九七〇年代建交以來所未曾有之現象。從歐巴馬時代後期開始，馬英九版本的兩岸關係似已不合美國的利益，這應該也是蔡英文在二〇一一年和二〇一五年赴美時待遇不同的根本原因。民進黨二〇一六年的再度執政，與美國的核心利益是相呼應的。

其次，中國大陸擔心美國的「和平演變」[6]策略並非沒有道理，因為和平演變的想法來自於美國有關政治社會變遷研究的主要結論。尼克森的轉變，既有聯中制俄的打算，也有透過交往與交流（engagement）把中國大陸納入它所主導的自由世界體系之意。這是美國長期以來外交對中政策的思維之一，雖然近年美國不少人開始質疑此一假設的正確性，但中國大陸仍深受開放的影響，只是層面、路徑、時機與美國的預期不一樣。從和平演變的角度來看，一個民主台灣的存在，可以說是很好的促轉機制之一。

從過去歷史來看，台灣一直都是美國的籌碼，美國也一貫在其全球及亞太戰略上衡量台灣的價值，這個價值的變化才是決定美國對台灣態度的關鍵。

二、中國大陸的角度

對中國大陸來說，其在美中台戰略三角中的戰略目標十分清楚：（一）兩岸統一；（二）至少與美國在西太平洋平起平坐。統一是其政權的政治使命，既涉及政權之存亡，也涉及國家戰略利益之維護與擴張。台灣的地緣戰略價值，造就其今日的命運，但也讓台灣永遠無法與中國大陸的命運分開。統一，對中國大陸來說是無可協商、無可退讓的政治命題，然而因為美國的存在，統一成了無奈的懸念。在這個戰略三角中，中國大陸因實力不足，是無奈接受的一方，但其終極目標是兩岸統一，而統一的前提則是美中台戰略三角的崩潰。戰略三角的崩潰有時機與模式的問題，但對中共來說，不論何種模式或時機，最重要的戰略考量，還是總體成本效益的問題。

除此之外，隨著中共實力的上升，逐漸突破美國的封鎖走向西太平洋，甚至逐步取代美國成為西太平洋的主導力量，不可避免地成為中國大陸的戰略目標。這是海權時代的必然。習近平上任後，其外交作為與文宣已漸漸脫離韜光養晦的主調，展現實力與影響力的企圖心表露無遺，例如宣布東海防空識別區、機艦頻繁進出西太平洋及繞台、建設南海島礁、倡議一帶一路、成立亞洲基礎設施投資銀行等等。一邊是在西太平洋地區已主導超過半世紀的美國，一邊是正在崛起的中國大陸，不少學者已指出兩者的競爭或對抗，在結構上已無可避免。美國歐巴馬總統的重返亞太策略，基本上就是回應這個趨勢。

由此也可看出，統一台灣是中國大陸大戰略中重要的一環，尤其是在亞太地區。從胡錦濤開始就一直將中華民族偉大復興與兩岸統一聯結在一起，習近平在談到兩岸關係時也是一樣，其道理即在於此。

三、台灣的角度

對台灣來說，從一九五〇年至今，戰略三角始終是台灣安全的關鍵，大體而言，三角穩則台灣榮，三角盪則台灣損，三角崩則台灣危。戰略三角的變化決定了台灣生存活動的空間大小。至於台灣在戰略三角中的核心利益為何？一九五二年中，美國曾經因為韓戰爆發，支持蔣介石出兵海南島，但蔣介石卻不為所動。一九五一年，蔣介石幕僚曾擬出一份代號「三七五」的反攻大陸計畫，但蔣自己曾在當年八月八日的日記中寫道：「今後復國事業，照事實論，幾乎不復可能。今後一切設計當為繼我後來者成功之謀，而不必為我親手成功之計也[7]。」由此可知，蔣介石反攻大陸的宣傳旨在安定人心而已，其心底早已確定戰略三角穩定的戰略。蔣氏父子的戰略，就是利用戰略三角的穩定來建設台灣、強化台灣，以爭取時間並累積實力。對國民黨來說，從兩蔣時期到現在，都是以延長戰略三角存在的時間為目標，也就是維持現狀。蔣經國的「不溝通、不談判、不妥協」和馬英九的「不統、不獨、不武」，聽起來不一樣，政策也不一樣，但最終都是要維持戰略三角的現狀。

台灣民眾維持現狀的心理需求太強大了，以至於連國民黨都不敢面對戰略三角必然崩潰的未來。至於民進黨，並不是真心追求台獨。民進黨既把戰略三角當成護身符，又把統獨當成用以獲取及維護政權的工具。民進黨對台灣前途並沒有長期的戰略規劃，所謂「台灣前途決議文」、「正常國家決議文」等，都是選舉的需要。

從民進黨的政策來看，民進黨不相信戰略三角會崩潰，反而認為中共政權終有崩潰的一天，因此向美國一面倒。其實民進黨是心存僥倖，也因此其政策矛盾更為顯著。如果要將三角存續極大化，就應該避免三角的不穩定，但民進黨一方面拒絕九二共識，一方面又想維持現狀，結果卻是現狀難以維持，空間愈來愈小。

台灣自民主化後，由於統獨的糾葛，台灣對自身的戰略利益出現不同的詮釋與主張，形成「戰略擺盪」，反而成為戰略三角不穩定的因子，再加上戰略三角崩潰的條件正在形成之中，對台灣未來發展與安全構成非常之挑戰。台灣已到了不能不面對、思考三角崩潰的模式與條件的時刻了。

不對稱戰略三角：三種類型與五種角色

美中台戰略三角有兩個特質，一是中台之間具有難以妥協的主權主張的衝突，一是力量不對稱[8]。主權衝突使統一成為無法迴避的命題，就像中國大陸在一中原則上從不妥協，儘管如此，在一中原則之上，並非沒有讓步與自主的空間。吳本立教授（Brantly Womack）在分析不對稱三角時，認為三方的關係並非是全然的「強制」（domination）或「順服」（compliance），彼此之間可以透過協商，以自主性的認可（acknowledgement of autonomy）來換取順服（deference），他稱之為ＡＦＤ（Acknowledgement-for-Deference）[9]。就中台關係而言，吳本立教授所謂的ＡＦＤ頂多只是中程的戰術方案，因為兩岸的主權主張本質上就是零和遊戲[10]。馬英九時期承認九二共識，促成兩岸交流合作，可以說是一種AFD。不過對台灣來說，即使是AFD，仍有程度之別，而且AFD的安排與進程對最終的結局亦可能有影響，這或許是台灣應該戰略思考的重點。

不對稱三角是指三角各方的實力具有顯著的差異，而這些差異必然會影響各方的判斷與選擇空間。如果以X、Y、Z來代表美中台三方，則美中戰略不對稱的類型有三種：（一）X＞Y＞Z；（二）X＝Y＞Z；（三）X＜Y＜Z。美中台戰略三角從形成至今，一直是處於第一類型的狀態。在這種狀態下，根據吳本立教授的分析，美國的問題主要在於如何維持和平（peace-holding），也可以說是維持三角於不墜。中國大陸的主要問題是挫折，既想解決台灣問題，卻又忌憚美國的實力。台灣的主要問題，則是因身為最弱小的一方而產生的不確定感與焦慮感。在這場賽局中，主要是美中之間的博弈，台灣的選項並不多，吳本立教授認為，台灣可以：（一）與美結盟並（或）增加美中之間的矛盾與敵意；（二）製造危機，把美國拖下水；（三）找尋第四方的支持[11]。這三個選項在操作上都有很大的難度，甚至於是虛的選項，因為第一個選項並非操之在台灣，而且美國根本沒有結盟的意願；第二個選項風險太高，因為美國並不願被拖下水，所以基本上美國會阻止台灣；第三個選項是有足夠實力的第四方根本不存在。但除此之外，台灣還有吳本立教授所謂AFD的選項，也就是在全然的順從與強制之間，與中國大陸共同協商出一個雙方都可接受的中間地帶。

美中台是不對稱三角，實力的不對稱也代表選擇空間的不對稱，而且實力不對稱愈大，選擇空間的差異也愈大。以美台關係為例，美國對台灣沒有政治上的威脅性，而台灣對美國的價值是由美國的戰略來決定，美國與台灣斷交轉與中國大陸建交即是一例。然而，台灣的安全必須仰賴美國這位盟友，因此，不論美國採取什麼政策，台灣除了表示憤怒之外，只能逆來順受。即使是兩岸關係也一樣，中國大陸這幾年對台灣採取的一些敵意作為，包括中斷協商管道、挖我邦交國、開通M503南向北航線等，但台灣並沒有相應的有效作為，只能表達憤怒及強調不屈服卻又不敢挑釁。

根據吳玉山的分析，不對稱三角最小的一方有三個策略：（一）夥伴（partner），亦即成為兩強之一的夥伴。（二）避險夥伴（hedging partner），亦即在兩強之間同時採取平衡與交往的策略。（三）樞紐（pivot），亦即遊走兩強之間以獲取利益，也就是當棋手的意思。其中的避險夥伴與吳本立教授的AFD有異曲同工之處，至於樞紐的角色，不只困難度高且往往要付出很高代價，烏克蘭就是一個例子。

依其分析，台灣在馬英九時期採取的是避險夥伴的角色，蔡英文時期則是採取美國夥伴的角色[12]。個人認為，此三個策略的選擇，須視兩強實力大小的差距而定。在兩強實力差距仍大時，台灣可以選擇扮演美國夥伴的角色，但兩強實力差距縮小，台灣則宜走避險夥伴的策略。陳水扁時代，台灣選擇夥伴的策略風險尚低，但蔡英文時代，兩強實力差距已明顯縮小，此時再選擇夥伴策略，並不是理性的選擇，反而會為台灣帶來不可測的風險。

穩定與崩潰的五個階段

吳玉山是從最小的一方來切入探討其策略，個人則嘗試從「穩定與崩潰」的角度切入，來看各方可能扮演的角色，因為對穩定與崩潰的戰略判斷，是策略選擇的前提。

從穩定與崩潰的觀點來看，美中台三角的演變大致可以分成五個階段，而且各個階段的性質並不相同。如圖1.4所示，第一個階段是從一九五〇年至尼克森改變對中策略之前，第二階段是在美中改善關係之後至一九九五年李登輝訪美，第三個階段是一九九五年至二〇〇八年，第四個階段是二〇〇八年至二〇一六年馬英九執政期間，這一段期間的特殊之處在於兩岸和解、達成AFD，因此是戰略三角形成以來最穩定的時刻。二〇一六年之後則進入了第五個階段，戰略三角開始進入不穩定中趨向崩潰的過程。

從穩定的角度來看，三角各方可扮演如下五種可能的角色：促進者（facili-

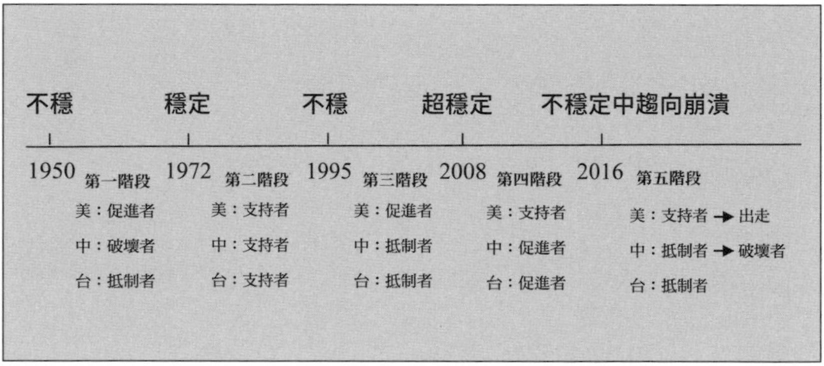

圖1.4　美中台戰略三角的演變

tator）、支持者（supporter）、抵制者（resister）、破壞者（breaker）、出走者（exit）。促進者與支持者的角色，意指其行動是希望維持戰略三角的穩定或避免其崩潰，但促進者的強度比支持者更強。抵制者和破壞者則意圖造成三角的不穩定，只是強度不同而已。三角中任何一方採取抵制者的角色，其目的不外是為了預防其利益受到其他方的損害，或是為了製造不穩定來增加自己的籌碼。抵制者並不期待崩潰，而破壞者則希望走向崩潰。至於出走者，則是因在戰略三角中已無明顯戰略利益可言，故選擇退出戰略三角，當然，三角也立即崩潰。在不對稱三角中，三方的角色選擇當然是彼此互相影響，但仍受到一些限制：

（一）對核心利益的認知：各方都會選擇最有利於自己核心利益的角色，而對核心利益認知的變化也會影響其行為。當美中認為彼此共同利益大於衝突時，反而有益於三角的穩定（例如美中聯合制蘇），不過，當美國更需要中國大陸的合作時，美國亦可能犧牲台灣，這是台灣焦慮的原因之一；

另一方面，當美中呈現戰略競爭時，台灣可能成為雙方的共同棋子，三角反而不穩定。另一方面，當美國認為台灣戰略價值降低到某種程度時，亦可能採取不同的角色。

（二）實力的消長變化：中國大陸與美國的實力差距大時，中國大陸的選擇空間以及角色效益皆受到較大限制；一旦中國大陸實力增長，美中實力差距縮小到某程度，三角會趨向不穩定，因為統一是中國大陸不變的核心利益，而實力差距縮小有助於目標的達成。尤其當其認為實力足以嚇阻美國的介入時，更可能採取大膽的角色與行動。

（三）國內政治的變化：台灣是民主體制，而藍綠兩黨在兩岸政策上大不相同，哪一個黨執政，就會影響角色的選擇。美國雖也是民主體制，但在對中政策上，兩黨基本上都還是從國家利益著眼，也相當穩定，例如一中政策，從中美建交至今，未曾改變。

（四）各方與紅線的距離：美中台戰略三角有三條較清晰的紅線：台灣是獨立紅線，中國大陸是武力紅線，美國是一中紅線。陳水扁時代，台灣往獨立的方向進展，或者說與紅線的距離愈來愈近時，美中都會出手逼退。當川普想要以一中政策來討價還價時，中共也是強烈抗議，最後川普也知難而退。一九九六年中國大陸對台發射飛彈，美國派兩艘航空母艦到台灣海峽，警告中共不要踩了紅線。

（五）角色的成本效益：任何角色都有其內外部的成本效益，尤其像中國大陸這種內外挑戰多而且複雜的大國，台灣問題一向都是放在更大的格局中來思考。中國大陸是最渴望三角崩潰的一方，但當穩定的效益高時，中國大陸也沒有破壞穩定的必要（如馬英九執政時期）；一旦崩潰的效益大於成本時，中國大陸自然朝崩潰的方向前進（如蔡英文執政時期）。這也是台灣戰略應該思考的重點，亦即如何提高穩定的效益以及崩潰的成本。

不同階段不同角色的行為分析

在不同的階段，三方所扮演的角色也不同，三角穩定程度也不同。我嘗試以此概念來簡單說明美中台戰略三角各階段各方的角色行為。

第一個階段的戰略三角，美國的目標是在圍堵中國大陸，但無意於與其開戰，因此美國希望戰略三角能繼續維持。但對中國大陸來說，戰略三角才剛形成，它自然要強調統一的意志，也必然挑戰美國的企圖，因此兩岸之間時有軍事衝突，一九五八年甚至有著名的八二三砲戰。換言之，中國大陸在第一階段是採取破壞者的角色，但也因為如此，美國不能不採取促進者角色，甚至與台灣簽訂《中美共同防禦條約》。至於台灣方面，蔣氏政權對反攻已不抱太大希望，戰略三角的持續才符合其戰略利益，但為了內部需要，同時也提高自己與美國議價的空間，自然選擇了抵制者的角色。這一階段的戰略三角雖然中國大陸是破壞者，台灣是抵制者，但美中實力差距太大，所以呈現不穩定，但不會崩潰。

一九七二年美中簽署《上海聯合公報》，戰略三角進入了第二階段。在此一階段，美中關係和解，開始邁向正常化，儘管對於一中原則，美國用認知兩個字，但已隱含美國不支持台灣獨立，而且承諾逐步減少在台軍事設施和武裝力量。等到鄧小平上台後，中美正式建立外交關係，「和平統一」也成為中國大陸對台政策的主旋律，並且以「三通」作為具體的政策訴求。

此一階段的美國，主要目標是聯中抗蘇，而中國大陸的重點則是經濟上的改革開放，彼此都扮演支持者的角色；至於台灣，心存被美國拋棄的恐懼，也只能扮演支持者的角色，既不挑釁中國大陸，也不給美國製造麻煩。一九八八年開放探親，兩岸開始接觸，一九九二年兩岸首度進行會談，代表兩岸走向和解道路。這是戰略三角相當穩定的一個階段。

兩岸關係的和緩只是曇花一現，一九九五年李登輝訪美，兩岸關係急轉直下，中國大陸認為美國踩了一中紅線，於是從支持者角色轉變為抵制者。中國大陸採取抵制者的角色，一方面是因為與美國的實力差距仍大，另一方面也須以行動表示自己對立場的堅持，因此不會走向破壞者。至於台灣，在李登輝發表「兩國論」以及陳水扁就任一年後就開始唱「一邊一國」的口號，都是屬於抵制者的角色。台灣當然了解中國大陸目前實力不足，而且美國不會放棄台灣，因此敢採取抵制者角色來爭取自己的空間，而且由於台灣已累積相當實力，抵制者的角色確有其作用。在這種情況下，美國採取促進者的角色，奔波於兩岸之間，以免有誤判發生，同時也是向中國大陸保證自身一中政策的立場。這一階段的戰略三角呈現不穩定的狀態，但因為美國扮演促進者的角色，尚無崩潰的可能。吳玉山稱美國此時為非自願樞紐，但也可以說美國深受三角不穩定所苦，希望三角能回復到穩定狀態。

接下來就是馬英九執政八年的第四階段。馬英九執政時的戰略三角特色，是兩岸在九二共識的前提下，雙方的官方、經濟、社會及文化交流都出現空前的熱絡局面，兩岸簽署了二十一項協議，全面實現三通，最後更以馬習會來收尾。用馬英九的話來說，台灣此時是「和中親美」，從穩定的觀點來看，台灣與中國大陸都同時扮演促進者的角色。至於美國，因為兩岸都是促進者，反而只需扮演支持者角色即可。這一個階段是戰略三角成立以來最穩定的一個階段，可以說是一種超穩定的狀態。

二〇一六年民進黨首度全面執政，雖然強調維持現狀，但拒絕九二共識，馬英九的「和中親美」變成蔡英文的「反中靠美」，台灣成為抵制者的角色，超穩定狀態可謂一夕之間就結束。至於中國大陸面對台灣的戰略擺盪（從倡議九二共識到拒絕九二共識），連陳水扁執政初期的「聽其言觀其行」都省略了，直接轉變為抵制者角色。一方面，中國大陸必須凸顯馬蔡兩人之下兩岸關係的強烈對比，另一方面，中國大陸必須以更多的行動來展現對九二共識的堅定立場；更重要的是，中國大陸實力大幅增加，其抵制者的角色空間更大，力道也更強。

對美國來說，由於對中關係的認知改變，戰略競爭者的定位成為主流，因此在角色的選擇上反而陷入兩難。美國當然不希望戰略三角崩潰，但由於與中國大陸的關係變成戰略競爭者，有時想藉戰略三角來增加應對中國大陸的籌碼，例如在川普當選之後，不論是與蔡英文總統通電話，或者是宣稱將與中國大陸協商一中政策等。川普初期的角色有朝向抵制者的傾向，但美國立即發現這樣的結果反而可能導致三角的高度不穩定，因此又回到原來立場[13]。美國因為與中國大陸關係產生變化，面對其抵制者角色，仍必須讓中國大陸了解美國的立場，因此有一些傾向支持民進黨的動作，例如通過《台灣旅行法》與軍售等等，可以說是支持者的角色，但實力已大不如前。換言之，在這個階段，中國大陸抵制升級，美國支持有限，在這種情況下戰略三角自然不穩，而且朝崩潰的趨勢前進。有關這一個階段的變化，將在下一節中再進一步論述。

從這五個階段的角色變化，可以發現一些值得關注的現象。首先，不論在哪一個階段，兩岸的角色幾乎都屬同一方向，有時同為支持者或促進者，有時同為抵制者，有時一為破壞者一為抵制者。在第一個階段，主要是結構性因素影響，但第二階段以後，美中有了基本共識，中國大陸又以和平統一為主軸，而且美中實力仍有差距，因此中國大陸基本上是支持三角的穩定，除非台灣採取抵制者的角色。換言之，從第三階段開始，台灣藍綠之間的戰略擺盪決定了兩岸角色的選擇。

其次，不論在哪一個階段，美國都扮演促進者或支持者的角色。對美國來說，戰略三角的持續最符合其戰略利益，因此戰略三角不穩定時，它會採取促進者的角色，穩定時則採取支持者角色。不過，隨著中美實力差距的縮小，美國的操作空間也隨之縮小，其採取促進者角色的風險也隨之提高，因此在第五階段初期，儘管中國大陸採取很多行動，但美國能應對的卻十分有限。

最後，比較第三階段和第五階段，兩者皆是不穩定的狀態，台灣也都是扮演抵制者的角色，但在第三階段，陳水扁還敢喊一邊一國、烽火外交，並且制定《公投法》，讓美國疲於奔命以維持三角穩定；到第五階段，民進黨全面執政了，蔡英文卻只能堅持「維持現狀」，也沒有像陳水扁那樣挑釁的舉動。主要原因即在於第三階段時台灣仍有一定的實力，而第五階段中國大陸實力已大幅成長，中美實力差距縮小，台灣此時扮演抵制者角色，反而不像第三階段時可以一條尾巴搖兩隻狗。簡單地說，台灣在第五階段時選擇抵制者角色，反而會讓三角不穩定，並不符合台灣的核心利益。

美中台戰略三角的第六階段

二〇一六年民進黨全面執政後，不接受九二共識作為兩岸協商互動的基礎，中國大陸立即轉變為抵制者的角色，其動作包括：（一）中斷兩岸之間主要的協商管道。（二）減少陸客及陸生來台人數，二〇一九年並全面暫停陸客來台自由行。（三）阻止台灣原可參加之國際活動，如WHA及ICAO會議。（四）三年半內陸續與聖多美普林西比、巴拿馬、多明尼加、布吉納法索、薩爾瓦多、索羅門群島、吉里巴斯七國建交。（五）片面開通M503南向北及W121、W122、

W123航路。（六）共軍機艦繞台趨於頻繁。（七）更廣泛地壓迫國際組織、跨國企業及航空公司矮化台灣名稱。

中國大陸的政策，之所以在民進黨全面執政後立即由促進者轉變為抵制者，理由其實很明顯。首先，中國大陸的對台基本政策具有長期一致性，主要是「一個中國」、「一國兩制」與「和平統一」這三大支柱，「九二共識」與這三個支柱的「一個中國」及「和平統一」有所交集，因此成為中國大陸與台灣交流合作的重要基礎。對中國大陸來說，維持其政策立場的可信度至關重要，一旦鬆動，影響太大。更何況，蔡英文在選前還說，只要民進黨贏得選舉，中國大陸自然會向民進黨的方向調整，因此，中國大陸如果真的朝民進黨方向調整，那將是前功盡棄，而且任何領導人都會面臨內部極大的挑戰。

其次，中國大陸的實力與二〇〇〇年時已不可同日而語。當時中國大陸尚未加入世貿，國民生產總值僅一點二一兆美元，二〇一六年則達十一點二兆美元，其在國際上的影響力當然也水漲船高。簡單說，中國大陸今日的實力遠大於民進黨初次執政時期，今日可運用的工具也遠比當時為多，不論是外交、軍事、經濟、社會，中國大陸都有更大的操作空間，也可以施加更大的壓力。在這樣的條件下，中共選擇抵制者的角色是可以預期的，而且除非蔡英文政府有所轉變，中國大陸的壓力只會增強，直到民進黨轉向、台灣再次政黨輪替或三角崩潰時為止。

第三，中國大陸藉此機會進一步壓縮九二共識的詮釋空間，將其界定為「兩岸同屬一中」及「謀求統一」的共識，未來即使國民黨再執政，也必須是在這個基礎上與對岸交流協商。換言之，民進黨完全執政，看似是中國大陸對台政策的失敗，但中國大陸則是藉此往一中的方向再向前推進。

最後，在太陽花運動之後，中共警覺台灣往台獨方向進展的社會基礎愈來愈廣，中共更將民進黨定性為台獨政黨，如果不發出明確信號，採取強力作為，恐難遏止台獨的想像。因此，從二〇一四年中開始中共高層即不斷釋出訊息，如地動山搖之類的警告，甚至於利用馬習會來正告民進黨。二〇一八年五月國台辦在記者會中甚至挑明表示，「解放軍軍演和空軍繞島飛行，傳達的信息是十分清晰和明確的，就是針對『台獨』分裂勢力及其活動所做出的強烈警告，展現我們維護國家主權和領土完整的決心和能力[14]。」這些作為反映了中共對民進黨的高度不信任，也可看出兩者間要建立互信極為困難，這也是當前問題的癥結。

「向下螺旋危機」難以避免

互信的建立並不容易，個人曾提出建立互信的四個條件：共同性、一致性、確定性與突破性[15]。民進黨執政後，蔡英文雖然承諾要維持現狀，並多次強調所謂「新四不」，即「承諾不變，善意不變，不會在壓力下屈服，不會走回對抗的老路」，但也語帶強硬地表示不要小看總統的意志。

蔡英文所界定的現狀主要是兩岸分治且沒有軍事衝突，因此她不會挑釁，給予中共口實，相信這也是她對美國所做的承諾。在這個現狀下，她不會做任何立場上的讓步。但也因為如此，這四個建立互信的條件根本無一可以成立。從共同性來看，雙方有如兩車逆向而行，對撞只是時間問題而已；從一致性來看，蔡英文即使強調善意不變，但民進黨政府去中國化的各種小動作不斷，充滿矛盾，中國大陸也認為民進黨政府放任縱容「去中國化」、「漸進台獨」[16]；至於確定性與突破性，目前都沒有看到任何蛛絲馬跡，例如二〇一六年及二〇一七年黨代會有關修改黨綱的提議，最後都無疾而終。

在這種情況下，戰略三角難以避免「向下螺旋危機」，亦即蔡英文想要維持現狀，最終卻不可得。所謂向下螺旋危機，與國際關係中的安全弔詭（security paradox）類似，它的核心問題就是國家間的恐懼感和不信任感。以兩個國家為例，由於缺乏信任，擔心他國會侵略，於是加強軍備，同樣也因為不信任，他國又將此一行為視為敵意，於是雙方不斷加強軍備，直到真的發生戰爭為止，即使這是一場雙方原本都無意願的戰爭。中國大陸認為民進黨是台獨政黨，對其充滿不信任，因此愈強化其抵制者角色，而中國大陸愈強化其抵制者角色，反而讓民進黨更恐懼，更難以調整角色，而且也更靠向美國。台灣的作為讓中國大陸更加不信任，於是只要條件成熟，就會升級為破壞者角色。

至於戰略三角的向下螺旋，我們可以陳水扁執政時期和現在來做一個對比和說明。陳水扁執政初期雖然公開宣示「四不一沒有」，中國大陸也以「聽其言，觀其行」作為回應，但因為雙方沒有互信，在陳水扁提出「一邊一國」說後，很快就進入向下螺旋，尤其陳水扁後來推動《公投法》及兩公投後，中國大陸在二〇〇五年就制定《反分裂法》以為反制，當時的情況，連美國都相當緊張，不斷派員來台灣進行其所謂的危機管理。換言之，美國當時扮演戰略三角穩定的促進者角色，積極於兩岸斡旋，以免戰略三角因向下螺旋而發展成難以收拾的局面。美國當時的斡旋是有效的，但時移勢易，美中實力差距縮小，今日是否能夠像當年那樣發揮作用，已令人懷疑。

蔡英文對這一段歷史應當不陌生，她也深知兩岸關係陷入漩渦的危險性，因此她一再強調與保證會「維持現狀」。但此一漩渦已然形成，「維持現狀」已成自欺欺人的口號。中共今日的實力已非昔日吳下阿蒙，因此直接給予蔡英文政府一波又一波的壓力，這些都是漩渦的力量，蔡政府只拉住美國，能抵得了多久漩渦的力量，並不樂觀。

陳水扁執政時期，雖然有向下螺旋，但內有國民黨，外有美國，這兩個機制尚足以緩和漩渦的力量，尤其是連戰二〇〇五年的和平之旅。但現在國民黨是少數黨，在立法院內表現得毫無制衡力量；至於美國，似乎也無力阻擋這個趨勢，何況美中關係也出現根本性的變化。

押寶美國是福是禍？

川普上台後，除了在北韓問題需仰賴中國大陸外，不論在貿易、南海問題上都與中國大陸有抗衡的味道，所謂「開放的印度洋與太平洋戰略」說明了美國視中國大陸為敵手，而且想要結盟其他國家來，制衡中國大陸在亞太地區影響力的擴張。除了日本、澳洲之外，美國與印度、越南的關係也愈來愈緊密。在習近平時代，美國對中國大陸的崛起既憂且懼，尤其是在二〇一八年修憲取消國家主席兩屆任期之後，中國威脅論的印象應當更為強化[17]。中美貿易戰從二〇一八年三月開啟至今，在談判中不斷升級，並且已不再是單純貿易戰。這是中美關係重整的時刻，台灣豈能一廂情願地將命運全押在美國身上？

在對台政策上，美國自川普上台後，的確有一些出人意表的行動，例如對一中政策的看法、川蔡通話等等，但最後都回到原來立場上，可見中國大陸在這方面的溝通有其效果，但根本的原因在於美國仍希望三角存續，不願三方都成為抵制者。

美國《國防授權法》中有關美艦艇泊台港口的決議，以及《台灣旅行法》的通過，多多少少反映美國國會兩黨對中國大陸的敵意，這種敵意與川普的態度相當一致。然而，在當前架構下，台灣問題對美國與中國大陸來說，都是次於兩國博弈的小問題，尤其是美國，並不想因為台灣而升級與中國大陸的對抗態勢，這種切割處理的方式，台灣就有被犧牲的危機。

這個道理很簡單，中國大陸對台灣的壓力，不會因為美國的一些友台作為而減少或退縮，反而將更為增強（例如蔡英文二〇一八年過境美國之後，中國大陸立即宣布與薩爾瓦多建交），而且會持續增強，不斷挑戰美國底線。換言之，在新局之下，美國初期可能會採取有利於台灣的一些舉措，但隨著對抗的進行，美國遲早會面臨一個抉擇點，亦即棄台與否的抉擇。從這個角度來看，當前向下螺旋的危機更甚以往，這是蔡英文政府的國安團隊必須面對的現實。

最小的一方決定未來大局

美中台戰略三角的第六階段究竟如何，得看各方的角色選擇而定，圖1.5即為美中台戰略三角未來各方角色的可能走向。

台灣目前是採取抵制者角色，也就是吳玉山所謂的（美國）夥伴角色。儘管蔡英文強調「維持現狀」，但拒絕九二共識，中國大陸已將其定性為「漸進台

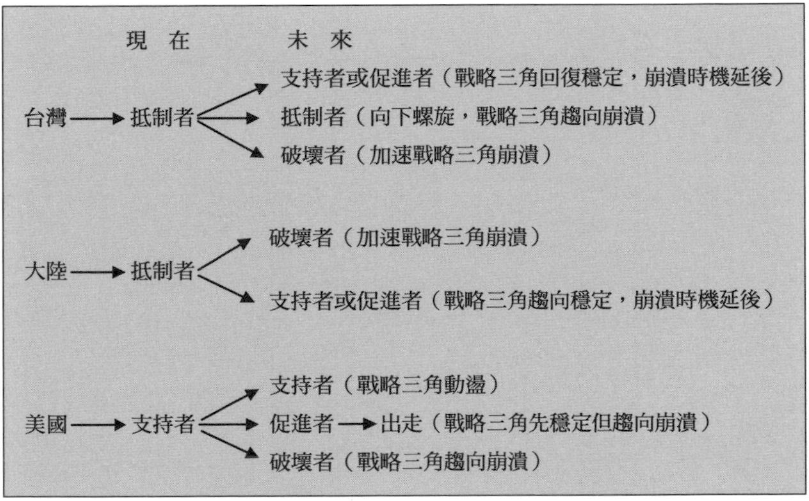

圖1.5　美中台戰略三角未來可能角色的走向

獨」。換言之，蔡英文的維持現狀是讓現狀被蠶食鯨吞，而且除了依靠美國的軍事支持外，看不出有任何有效對策。維持現狀是對美國的承諾，也可看出美國並不想被台灣拖下水。蔡英文的抵制者角色究竟能夠維持多久，就看美國對台灣戰略價值的衡量以及蔡英文的抗壓性。台灣採取破壞者的機率不大，因為台灣除了美國的支持之外，沒有籌碼，更何況美國不會容忍台灣採取破壞者角色，因為這只會使戰略三角加速崩潰而已，這既不符合美國的戰略利益，也不符合台灣的戰略利益。台灣未來的另一個選擇，是朝支持者（民進黨處理台獨黨綱，不再採取去中國化作為等等，或是國民黨再度執政）或促進者（承認九二共識）方向發展，以改變中國大陸抵制者的角色。不論是支持或促進者，都可以讓三角回復穩定，並讓崩潰的時機延後，事實上是最符合台灣戰略利益的選擇。

前已提及中國大陸在現階段採取抵制者角色的理由，而且會愈來愈來強化。在中國大陸的思維中，如果效益不如預期，那是因為強度不夠；如果效果正如預期，那表示強度更強，效果會更好。因此，在台灣維持抵制者角色的情況下，中國大陸的抵制者角色強化與升級為破壞者幾乎是必然的發展，直至台灣轉變為支持者（促進者）角色或三角崩潰為止。如同前述，不論那一個階段，兩岸的角色都是同一方向，因此，台灣一旦轉變為支持者或促進者，中國大陸即會隨之轉變其角色（因為符合其現階段的利益以及和平統一的大原則）。

至於美國，目前主要是支持者角色，例如美國二〇一八通過《國防授權法》，核發有關台灣潛艦國造的行銷許可證，釋放美艦可能通過台灣海峽的訊息等等，可以說是為了平衡中國大陸抵制者角色，畢竟三角的穩定對其有利。但美國行政部門也相當謹慎，免得支持角色過強，因為在中美實力差距縮小的情況下，反而可能使中國大陸進一步強化抵制者角色，使三角更為不穩。例如二〇一八年六月十二日，美國在台協會新辦公室落成時，美國務院僅派一名主管教育文化的助理國務卿來參加典禮，美國行政部門應該也不會落實《國防授權法》中美艦泊台的建議。但在中共強化抵制者或升級為破壞者時，美國的另一選擇是促進者角色，以避免三角的崩潰，但這時美國就要考慮中美關係失控的可能性。過去美國扮演促進者是雙向施壓，然而，美國對中國大陸的牽制作用已不若以往，因此更多壓力反而可能放在台灣身上，逼迫台灣改採支持者角色。除此之外，美國也可能基於整體戰略需要而與中國大陸達成新的共識，採取出走者角色，台灣這時就成為美國的伴手禮了。美國也可能基於兩國的敵對而採取破壞者角色，但機率不大，因為美國也難以承受雙方走向軍事衝突的代價。

總而言之，美中台戰略三角是不對稱三角，台灣是最小的一方，但決定三角未來的走向是在不穩定中走向崩潰，或是在穩定中延後崩潰的時機，卻掌握在台灣自己手中，但這樣的時機非常有限。

注釋：

1 Lowell Dittmer, “The Strategic Triangle: An Elementary Game-Theoretical Analysis”, *World Politics*, Vol. 33, No. 4, July, 1981, pp. 490-91.

2 包宗和，〈戰略三角角色轉變與類型變化分析——以美國和台海兩岸三角互動為例〉，包宗和、吳玉山編，《爭辯中的兩岸關係理論》，台北：五南，一九九九年，第八章，頁337-364。

3 吳玉山，〈非自願的樞紐：美國在華盛頓—台北—北京之間的地位〉，《政治科學論叢》，第十二期，二〇〇〇年六月，頁196。

4 二戰末期及戰後美國對華政策可參考林孝庭，《意外的國度：蔣介石、美國、與近代台灣的形塑》，台北：遠足文化，二〇一七年三月。

5 北韓直接與中國大陸接壤，是中共很重要的一個緩衝，如果北韓戰敗，其後果比未收復台灣更嚴重。

6 編按：「和平演變」的意義，是指西方民主國家針對極權統治國家，採用媒體宣傳、文化經貿交流等做法，期待極權國家受其影響而逐步邁向民主化的手段。

7 林孝庭，《意外的國度：蔣介石、美國、與近代台灣的形塑》，台北：遠足文化，二〇一七年三月，頁296。

8 吳玉山，〈兩岸關係的理論與詮釋〉，《政治科學論叢》，第八期，一九九七年六月，頁259-280。

9 Womack, Brantly, *China Among Unequals*, Singapore, World Scientific Publishing Co. 2010, p.

384. ＡＦＤ是從大國角度來看，反過來從小國角度則是ＤＦＡ。

10 不少人如黃年的「大屋頂觀念」以及張亞中「一中三憲」的主張，但與中國大陸官方的立場不符。

11 Womack, Brantly, op. cit., pp. 388-391.

12 Wu, Yu-Shan, "Pivot, hedger, or partner? Strategies of lesser powers caught between hegemons", in Lowell Dittmer, ed. *Taiwan and China: Fitful Embrace*, Oakland, CA, University of California Press, 2017.

13 川習在二〇一七年二月十日通電話時，美國總統川普表示將遵守一中政策。

14 二〇一八年五月十六日國台辦記者會。

15 馬紹章，《走兩岸鋼索》，台北：遠見天下文化，二〇一六年六月，頁139-141。

16 二〇一八年五月十六日國台辦記者會。

17 秋田浩之，〈中美走向「ＤＮＡ」的碰撞〉，日經中文網，二〇一八年二月二十三日，https://zh.cn.nikkei.com/columnviewpoint/column/29166-2018-02-23-05-00-00.html。

第二章
美中台戰略三角的命運——崩潰的結局

美中台戰略三角的存在本身就預示了它的命運——崩潰的結局，這是其本質特性使然。美中台戰略三角必然崩潰，可以從戰略重要性（strategic salience）、實力不對稱（power asymmetry）兩面向、六因素來分析。

從戰略重要性來看：（一）兩岸的癥結是最難解的主權爭議。（二）台灣對美國的戰略利益是變動的，而且重要性不若以往。從實力不對稱面向來看：（一）美中台戰略三角是不對稱三角，而美中實力差距日漸縮小。（二）美中關係正處於大重整時刻。（三）兩岸經貿關係日益密切，台灣對中國大陸的依賴愈來愈重。（四）中國大陸對台灣可使用的資源愈來愈多，而且統一台灣的成本可能愈來愈小。

最難解的主權爭議

國際社會雖然是無政府狀態，但國與國之間的爭議，大多數仍可透過國際組織或國際公法的規範來解決，不過有些爭議涉及種族、宗教、主權或核心利益等問題，實力才是關鍵。偏偏兩岸之間的核心爭議是主權問題，而且是最難解決的那一類。

即使是主權爭議，也未必會有衝突，例如日韓有獨島爭議，日俄有北方四島爭議，還有南海的一些主權爭議，各方都相當節制。中印之間也有領土爭議，但象徵意義沒有那麼大，雙方偶有小小的軍事對峙，也都表現得相當克制，並透過外交途徑處理。至於象徵性意義較大的釣魚台，中國大陸的立場就較為強硬，過去只是暫時擱置，然而一旦條件改變了（日本將釣魚台國有化或中國大陸實力增強），中國大陸的態度與行為也隨之改變。

兩岸之間的主權爭議，可以說是所有主權爭議中最難解決的一類。它對中國大陸具有高度象徵意義（中國統一、民族復興），也具有戰略安全的實質意義（台灣的地緣戰略價值），這兩項特質讓中國大陸不論哪一個人或黨執政，甚至不論是否為民主政體，除了追求統一之外沒有其他選項，也沒有協商的空間。更何況雙方實力懸殊，中國大陸也沒有退讓必要。不論是對國際社會或台灣，中國大陸都堅持台灣屬於中國的「一中原則」，視之為前提，反映的就是中國大陸對此一主權議題的態度。最近這幾年，中國大陸高唱的「中國夢」與「中華民族偉大復興」，兩岸統一皆是其中一項重要的內涵，由此可知兩岸統一對中共政權的重要性，而美中台戰略三角的存在是阻礙統一的最大障礙，有如眼中釘、肉中刺。中國大陸不只是在等待機會，而且一直在準備與創造機會。

台灣的地緣戰略價值決定了它離不開中國大陸的命運，而台獨就是要對抗地緣戰略的邏輯，問題是有可能嗎？任何有台獨想法的人，必須先思考以下幾個問題。第一個問題，台灣有可能憑本身實力實現獨立嗎？第二個問題，台灣自己對統獨都沒有共識了，一個分裂的台灣如何獨立？第三個問題，台灣能跟以色列比嗎？如果不行，又如何獨立？第四個問題，兩岸實力差距是擴大還是縮小？如果是擴大，台灣又如何獨立？

從以上四個問題來看，台獨的機率是零。兩岸主權爭議的最終解決方案中，「維持現狀」只是假象，「獨立建國」則是無法實現的選項。為了一個無法實現的選項，卻拿假象來自欺欺人，只會讓台灣失去時間與機會而已。「維持現狀」是假象，因為它只是三角走向崩潰的過程，時間上可長可短，可是終有結束的一天。大部分台灣人都知道台獨的困難，他們選擇維持現狀，是不想被統一而生活在中國大陸的體制下，他們也了解台灣根本沒有選擇的機會，只是不願面對殘酷的現實而已。

不少台獨支持者唯一的寄望就是中國的崩潰，他們甚至於相信中國必然崩潰，這也是中國崩潰論在台灣受到歡迎的原因。但從李登輝開始一直到今天的蔡英文，這二十幾年的時間等到的不是中國的崩潰，而是反向的崛起。

變動的戰略利益

美中台戰略三角得以持續至今的關鍵，在於台灣對美國的地緣戰略利益，美國願意為了捍衛這個利益，反對中共以任何非和平方式解決台灣問題，並且向中共展現其決心與意志，中共自然不敢輕舉妄動。美國長期以來不支持（實際上是反對）台灣獨立，而且中美不論如何競爭，美國不論如何對台灣表示支持，就是不可能與中華民國恢復邦交。這些現象就說明台灣只是美國戰略的棋子而已。既然是戰略利益，它就具有可量性與可比性，包括三角內外的利益衡量，以及時空條件不同下的比較。簡單地說，台灣對美國的戰略利益其實是變動的，受到三角內外部因素的影響，當戰略利益低到一定門檻時，山姆大叔隨時會翻臉變心，這才是台灣要擔心的危機。

對美國來說，台灣就是籌碼。好的時候是朋友，變心時就找藉口，如此而已，所以台灣人不能對美國心存幻想。籌碼具有交換價值，愈有價值的籌碼，可以換到的東西也愈有價值，一旦籌碼價值降低，能換到的東西就有限了。尼克森當年就拿台美關係換到聯中抗俄的戰略，因為不處理台灣問題，中美關係就無法正常化。那時候的台灣仍具有戰略價值，因此美國並未全盤放棄台灣，但從另一個角度來看，當籌碼價值降低，甚至成了負擔，情況又不一樣了。

從安全觀點來看，台灣位於美國牽制中國大陸的第一島鏈上，扼住進出西太平洋的咽喉，台灣的地緣戰略價值即在於此。然而，隨著中國大陸軍事力量的提升，在東海以及南海上開始逐步展現其軍事存在，包括宣布東海防空識別區，機艦繞台飛行與航行趨向常態化，機艦在釣魚台巡航等等。這些作為愈來愈頻繁，愈來愈強勢，代表中國大陸已相當程度突破美國的封鎖，美國雖然表示關切，卻顯得有氣無力，也愈來愈難干預中國大陸在此一地區的作為。從這個角度看，台灣對美國安全戰略利益的重要性已開始出現變化。

美國川普總統自上任後，對台灣似乎有不少看似友善的舉措，包括川蔡通話、批准軍售、簽署《台灣旅行法》等等，這些作為並非因為具有商人特質的川普意識到台灣的戰略價值，而是他認為台灣是可以用來應對中國大陸的籌碼。但這畢竟是川普個人的特質，重要的是從長期趨勢看，台灣對美國的戰略價值是一種下降趨勢。戰略價值降低的趨勢對台灣最大的危險在於，一旦降到某個門檻，美國是否會趁台灣籌碼價值歸零前將籌碼用盡。

不少人認為，台灣是一個民主政體，美國有道義上的責任協助這個民主政體，美國一旦背棄台灣，恐危及其在亞太盟國的信譽。這樣的觀點難免一廂情願，把道義看得太重了，也把美國太理想化。在現實的國際社會中，道義往往只是用來合理化的說辭，甚至可說是安全戰略價值的附屬品，就像美國進出越南、伊拉克、阿富汗、敘利亞，都可以找到合理化的理由一樣。尤其在川普當選之後，其特異的言行與政策已讓國際側目，連川普政府內的高官也認為，川普的言論比起過去的總統，更少提到價值與道德，美國不少學者也指明，美國在國際上明顯放棄了道德制高點，失去作為領導者應有的條件。川普在二〇一九年十月對台灣示好，我們不能高興得太早，因為他只是要利用或提高台灣籌碼的價值，未來當台灣對美國的戰略利益愈來愈小，美國放棄台灣的機會就愈高，而且美國總會找到放棄台灣的理由。

美中實力的消長

美中台戰略三角必然崩潰的第三個理由，在於「不對稱」這個特質。簡單來說，台灣是最不希望三角崩潰的一方，卻是力量最小的一方，中國大陸是希望最終崩潰的一方，而且是力量愈來愈強大的一方。前一章提到，如果以X、Y、Z來代表美中台三方，則美中戰略不對稱的類型有三種：（一）X＞Y＞Z；（二）X＝Y＞Z；（三）X＜Y＜Z。美中台戰略三角形成至今，一直是第一種類型。

在此一類型下，美國為了要維護和平或三角的穩定，必須要讓中國大陸相信自己有捍衛台灣的決心與意志，同時也限制台灣的行動，不准台灣跨越紅線；中國大陸不可能放棄台灣，因此也讓美國相信一旦美國或台灣跨越紅線，它也有動武的決心與意志。然而，一旦美中實力差距縮小，美國與中國大陸的判斷可能就不一樣了。

就綜合國力來說，美國仍大幅領先中國大陸，但不論從那一個數據來看，這個差距都在縮小之中。美國過去之所以能夠產生嚇阻力量，除了自身展現的意志之外，更重要的是中國無法承受美國軍事干預的代價。對中共來說，這也是牽涉到政權存亡的大事，不能不慎重再慎重。

中國不會冒險與美國軍事衝突，美國亦然，但這也要看雙方對實力差距的認知而定。江澤民曾說：「台灣人口兩千萬，而我們有十二億。雖然台灣自認富有，可是中國大陸比較大。就像個瘦子和胖子。我體重八十多公斤，如果我們要打架，沒有什麼問題，我會贏。但是如果有個大個子站在他身旁說：『別打架。』我們會仔細想一想[1]。」美國這個大個子是一百多公斤，胖子如果打瘦子，可能自己會被大個子打個鼻青臉腫。然而這個胖子一旦也變成一百公斤，大個子可能還會打贏，但已沒有辦法把胖子打成鼻青臉腫，自己也很可能受重傷。在這種情況下，胖子如果有機會打瘦子的話，他就不會仔細想那麼多了，甚至於有時候還會製造機會讓瘦子自己找打。

從各種數據來看，中國大陸的綜合實力仍遜於美國，但中國大陸並沒有世界警察的壓力，也沒有想要當世界警察的野心。中國大陸與美國在軍事上的競爭是地域性、局部性及戰略性的。就地域而言，中國大陸主要著眼於西太平洋；就局部性而言，中國大陸只想取得局部性優勢，而非全面性優勢；就戰略性而言，中國大陸是希望能因局部的優勢而促使美國最後選擇放棄台灣。

中國取得局部優勢

有關中美軍事實力的消長，差距縮小幾乎是一致的定論。比較值得注意的是，美國智庫蘭德公司（RAND Corporation）在二〇一五年發布的一份美中軍力比較的報告。這份報告以計分卡的觀點，並以台灣及南海兩地為假設情境，評估從一九九六年到二〇一七年美中在十個領域的軍事實力差距。這十個領域的變化將會決定中國對使用武力的認知與判斷。這十張計分卡包括：

A.空軍與飛彈計分卡

1. 中國攻擊美國空軍前進基地的能力：評估人民解放軍阻止美國軍隊使用空軍前進基地的能力。
2. 中美在台灣及南海空戰的能力：評估美中在台灣及南海取得空中優勢的相對能力。

3. 美國滲透中國領空的能力：評估美國滲透中國空防的能力。

4. 美國攻擊中國空軍基地的能力：評估美國攻擊中國空軍基地及破壞其運作的能力。

B. **海軍計分卡**

5. 中國反艦作戰能力：評估人民解放軍摧毀或損害美國航空母艦及其他艦艇的能力。

6. 美國反艦作戰能力：評估美國摧毀中國兩棲船艦及護衛艦的能力。

C. **太空、網路及核武計分卡**

7. 美國反太空能力與中國太空系統：評估美國阻止或妨礙中國使用衛星的能力。

8. 中國反太空能力與美國太空系統：評估中國阻止或妨礙美國使用衛星的能力。

9. 美中網路戰能力：評估美中在網路上取得軍事優勢的相對能力。

10.美中戰略核武能力：評估美中在遭受核武攻擊後生存及報復的能力。

以台灣為場景來設想前九張計分卡，從一九九六年到二〇一七年，中國大陸在每一張計分卡上的表現都是持續進步，第一張及第五張計分已取得優勢，在二、三、七、八張計分卡上與美國平分秋色，只有在四、六、九三張計分卡上仍處於劣勢。至於第十張卡，亦即核武能力，中國大陸也由過去的低度信心上升到中度信心，而美國則一向維持高度信心。從這裡可以看出，中國大陸已經取得局部優勢，如果在第二、三、七、八張計分卡上從平分秋色到超前領先，必將影響美中兩方對軍事衝突的認知與判斷。

面對中國崛起的事實

澳洲雪梨大學美國研究中心學者陶申德（Ashley Townshend）以及斯圖爾特

（Matilda Steward）在二〇一九年八月，出版了一份評估報告《防止危機：美國的策略、軍事費用以及印太地區集體防禦》，比較中美的軍力與軍事預算，作者講得很客氣：「美國在印太地區已不再享有軍事領先地位，其保持有利的力量平衡的能力也愈來愈不確定[2]。」中國大陸各軍種現代化的進程相當快，尤其是在超音速導彈方面，可能已經超越美國，中國也在建國七十週年的閱兵典禮上展示其軍事現代化的成果。中國不需要打敗美國，只要讓美國來不及阻止或覺得打不贏，或成本太高而忌憚，就足夠了。從陶申德等人的報告可看出，中國導彈的射程已涵蓋美國在西太平洋的軍事基地，這個態勢恐怕還會更為惡化。

自民進黨執政之後，中共機艦繞台愈來愈頻繁，有成為常態化的趨勢，美國智庫全國亞洲研究局（National Bureau of Asian Research）政治安全事務資深主任馬翊庭（Tiffany Ma）認為：「隨著中國投射軍力的範圍離邊境愈來愈遠，這已經成為一個足以讓美國及其盟友對中國在區域投射軍力更為擔憂的理由。我們要想想到底我們應該擔心的是什麼？是中國對美國軍事介入可能採取的懲罰性作為，還是我們應該更擔心中國每天都在採取行動，單方面改變台海兩岸及區域現狀？這才是隨著中國軍力投射範圍擴大我們必須思考的更大的問題，無論是航空母艦或遠程飛行的轟炸機[3]。」美國前海軍將領克羅普西（Seth Cropsey）也撰文表示，共軍機艦繞台常態化會侵蝕美國介入台灣衝突的能力[4]。美國新任印太司令部司令海軍上將戴維森（Philip Davidson），在二〇一八年四月十七日的國會提名聽證會上表示：「中國現在有能力在除了和美國交戰外的各種情況下，控制南中國海[5]。」但美國有可能會冒險和中國交戰嗎？換言之，中國大陸在台海展現軍事存在是愈來愈大膽，美國也勢必擔心如果台海出現衝突，其介入成功的機會與代價。這已經不是想像中的問題，而是現實要面對的問題。

美國干預兩岸關係的代價

雙方實力差距的縮小，也反映在中國大陸對台灣國際空間的封鎖。蔡英文執政三年多的時間，台灣的國際空間更為縮小，無法參與世界衛生大會（WHA）與國際民航組織大會（ICAO），並且已失去了七個邦交國，尤其多明尼加與布吉納法索是在二〇一八年五月連續發生，二〇一九年更是五天內斷兩國，完全無視於台灣即將在三個多月後舉行大選。對於中國大陸在外交上的封鎖，美國對台灣頂多也只有口頭上的聲援而已，美國前駐巴拿馬大使費利（John Feeley）指出，他是在巴雷拉宣布與中國建交前一小時才獲悉該決定，而且竟然還是他打電話給巴雷拉時對方順口提及，而非主動告知這將影響區域現狀的決定[6]。索羅門群島及吉里巴斯與我斷交，決定時間長達數月，美澳也介入甚深，但還是改變不了斷交的命運。

中國大陸外交上的封鎖以及軍事上的威嚇，意在展現決心並強化其對台灣的主權主張，同時也讓美國知道進行干預的可能代價。事實上，美國是否還能像一九九六年那樣派航空母艦來台灣海峽，令人懷疑。這就是實力差距縮小之後的現實。前國安會祕書長蘇起和哈佛大學教授艾利森（Graham Allison）都表達同樣的懷疑態度，艾利森教授訪問台灣時即明言，「若台灣有任何挑釁舉動，國際輿論未必倒向台灣，無論是美國或周邊國家，也不見得會支持台灣；如果台海衝突升高到類似一九九六年的狀況，美國也不一定會再派航空母艦協防[7]。」

二〇一八年美國國防部對國會提出的中國軍事發展年度報告中指出，中共對台軍事行動的可能選項包括：空中及海上封鎖（Air and Maritime Blockade）、有限的武力或壓制行動（Limited Force or Coercive Options）、空中以及飛彈行動（Air and Missile Campaign）、入侵台灣（Invasion of Taiwan）[8]。這幾種選項可單獨也可能聯合運用，端視中共對情勢、目的與成本效益的判斷而定。這幾個選項中，入侵台灣可能是最複雜，風險也最高的手段。雖然有規模大小之別，但實際上應該是最後的手段。

二〇一七年底，美國智庫二〇四九計畫室研究員易思安（Ian Easton）出版了一本書《中共攻台大解密》（*The Chinese Invasion Threat*），探討中共軍事犯台的可能情境。他認為中共軍方其實也不是很有信心，認為自己還沒有準備好，而且台灣也可以撐上一段時間[9]。這樣的判斷太過偏狹與樂觀，何況中共軍方有無信心並非重點，因為武力只是其他手段的靠山而已。無可諱言，兩棲登陸有其複雜性與難度，但這僅僅是中共最後而且是最不得已的手段。易思安沒有提到的是，不論台灣能撐多久，真正的關鍵是美國是否有意願為台灣而與中國大陸動武。對中共來說，取得軍事力量的局部優勢意在嚇阻美國軍事介入，使其可以不用武力而達到屈服台灣的目的。所以，台灣固然要為兩棲登陸做好準備，但更重要的是面對其他可能性更高的挑戰和威脅。

從最近這幾年的情勢來看，尤其是蔡英文總統執政後，中國大陸愈來愈敢於利用美中實力的消長在台海增壓，而且愈來愈有效。只要比較陳水扁時期和蔡英文時期就可以了解，如果民進黨不改變路線，已無法逆轉此一趨勢了。

美中關係大重整

一般觀點總認為，在美中台戰略三角中，美中敵意愈深對台灣愈有利，甚至研究美中台戰略三角的吳本立教授也認為，台灣的策略之一是加深美中之間的敵意。但實際情形未必如此。如果比較中美關係正常化前後的三角可以發現，一九七〇年代以後的戰略三角其實更為穩定，台灣的經濟奇蹟與民主化都發生在這一段時間，而且兩岸之間的交流也是因為美中之間的共識而得以展開。

然而，由於中國大陸的崛起迅速，從歐巴馬總統開始，愈來愈明顯感受到中國大陸崛起對美國戰略利益的威脅。前面提到過，中國的GDP在二〇〇〇年只有一點二兆美元，到了二〇一六年則達到十一點二兆美元，差距達九點三三倍。同期間，美國則由十點二八兆美元增加到十八點五七兆美元，因此不少經濟機構都預測，中國大陸遲早在一、二十年內會取代美國，成為第一大經濟體。經濟量體的擴大不只是量的變化而已，其背後隱藏的綜合實力提升，包括科技與軍事的進步，才是重點。

外交上，習近平已調整鄧小平韜光養晦的戰略，在國際舞台上展現更堅決更強硬的態度，並將經濟力量轉化為國際影響力，包括亞洲基礎設施投資銀行、一帶一路倡議等，此外，中國大陸也加強其在拉美與非洲的影響力。最近一段期間，不少西方國家，乃至於東南亞一些國家，都對中國的影響力發出警告之聲，可見其程度已引起重視。

軍事上，中國大陸的預算雖然仍遠低於美國，但年年高幅成長，其在軍事科技上的投資也使其在某些領域與美國不相上下，甚至掌握了局部優勢。在亞太地區，中國大陸在南海建設島礁軍事設施、軍機與軍艦繞台日漸頻繁，第二艘航空母艦也進入海試階段。到目前為止，美國的應對頂多只是派軍艦行使其所謂航行自由權，基本上相當軟弱無力。

中國大陸深知經濟實力不僅是政權正當性的基礎，也是國力基礎，如果要達到所謂中華民族偉大復興的目標，不只經濟要成長，更要往高附加價值的科技方向發展。不少中美學者皆指出，要成為領導國際的大國、強國，科技的領先是關鍵之鑰。因此，中國大陸投入「中國製造二〇二五」也就不難理解了。作為世界工廠的中國大陸對美國沒有威脅，然而當中國大陸轉向高科技領域時，美國就明顯感到威脅。佛里曼（Thomas Friedman）的形容傳神地表達了西方國家的態度：「哇！當你們結合了勤奮、欺騙和產業政策的力量集中在低階產業時，我們都願意容忍。但如果你要用同樣的策略來主導高階工業，我們就完了。我們需要一些新的規則[10]。」這些變化已讓美國有芒刺在背之感。為了引領中美關係的發展，中國大陸提出新型大國關係的構想，一方面是表明中國大陸並無意取代美國成為全球領導，但也希望美國尊重其核心利益與體制。然而從歐巴馬時代開始，美國對中國大陸的構想並不領情，也可看出雙方戰略的信任愈來愈薄弱。

中美關係轉向競爭

其實中美轉向戰略競爭關係，在歐巴馬第一任總統任期末期時就已很明顯，所謂重返亞太（或亞太再平衡）就是針對中國大陸，並視蘇聯和中國大陸為主要安全威脅。歐巴馬時期的美國國防部長卡特（Ashton Carter）即指出：「這兩大挑戰（中、俄）反映的是我們又回到了大國競爭的時代[11]。」到了川普時代，此一情勢更為明顯。川普在二〇一七年的《國家安全戰略報告》中明白指出：「中國和俄羅斯挑戰美國的權力、影響力以及利益，企圖削弱美國的安全與繁榮[12]。」他們「意欲塑造一個與美國價值和利益對立的世界。中國尋求取代美國在印度—太平洋地區的地位，擴張其以國家為驅動力的經濟模式，並且重塑一個有利於自身的地區秩序[13]。」這一份國家安全戰略看似反映川普團隊內的鷹派觀點，其實是從歐巴馬時期就開始蘊釀，所差別者僅在如何落實的策略。

歐巴馬團隊對中國的認知雖已轉變，但這些人不會想要將兩國關係打掉重練，而且他們重視跟盟友的關係，但川普個人與其團隊不僅對中國大陸充滿敵意，更將「美國第一」擺在決策價值的最高層。這些人沒有過去歷任總統的包袱，於是乎中美關係進入了波濤洶湧的階段。

美中關係之所以會發展到今日高度戰略競爭的局面，從美國方面看，大概有以下幾個因素：

（一）美國內心對中國大陸的崛起，已感到威脅與恐懼，而且美國心理上也不願有其他國家來分享其老大哥的權力。換言之，美國並不願意與中國平起平坐。

（二）美國政學界不少人認為，過去的對中政策建立在錯誤的假定上，亦即中國大陸經濟的成長並沒有帶來開放、民主的社會，相反的，在習近平主政下反而愈來愈緊縮，這樣的體制加上日漸增強的軍事實力，讓美國感到不放心。美國習慣與民主資本主義國家競爭，如歐洲、日本等，這是他們心中視為理所當然的公平基礎，這種競爭對美國既沒有威脅性，也可以控制。然而，中國治理模式（也與其他非民主國家不同）卻是美國首次遇見，沒想到其勁道如此強勁，不僅足以與其競爭，更重要的是，美國認為對其霸權有威脅性。從美國媒體與政治人物的話語之中，可以了解他們認為中國是以國家之力來參與遊戲。例如佛里曼即曾希望美國能夠做一天中國，唯有如此才有可能解決美國一些棘手難解的問題。或者說，他們認為中國的治理模式比美國治理模式更有效率，力量更集中，也更難對付。

（三）既然過去的政策沒有達到預期效果，美國自然認為「敬酒不吃，吃罰酒」，於是手段轉趨強硬。

（四）美國認為經濟發展是中國大陸政權正當性的重要基礎，因此從經濟下手，是打蛇打七寸，輕則可以逼迫中國大陸讓步，重則可能導致共產政權崩潰，但無論如何，中國崛起必嚴重受挫，這才是美國所想要的。

（五）美國認為如果再不出手，可能就來不及了，尤其等中國科技實力足以與美國抗衡時，可就後悔莫及了。

（六）打貿易戰固然會傷到美國自己，但美國認為自己在經濟、科技、軍事上都處於優勢，因此中國所受到的傷害更深，而且承受力也更低。

（七）剛好碰到川普總統，不願接受體制的束縛，不能容忍不同的意見，內部同質性愈來愈高，中美之間短期內似乎沒有和緩的可能。

積極理解「中美關係交響曲」

不論是民主黨與共和黨，都把中國崛起視為對美國及現存秩序的挑戰。雙方不少學者也一致認為，過去美國的交往戰略是建立在錯誤的假設上，因為改革開放並沒有為中國大陸帶來民主化與自由化的政經改革。更重要的是，從二〇一九年的情勢來看，貿易戰不斷升級，美國又對中興與華為連下重手，西方媒體更頻繁出現敵對中國大陸的報導與評論，似乎把中國大陸公私部門的所有對外行動，都視為有戰略意圖的作為。現在的美中關係的確如現實主義者所言，走向高度的戰略競爭，有如既存強權與新興強權之間的關係[14]。艾利森教授甚至有點誇張地認為，「中美兩國已經位在『修昔底德陷阱』的中間，兩國維持關係的戰略理由已經崩壞，只要一點點的星火如貿易衝突、台灣因素，甚至是軍艦的意外碰撞，都可能讓兩國爆發全面戰爭[15]。」

中美關係究竟會走向何處不僅是國際矚目，也關係著台灣的命運，我們不能不深入了解。中美關係的發展就像一曲交響樂，有不同的樂章，每一個樂章也都有它的主旋律。

一個國家的外交作為，不論是大如中美蘇，小如新加坡，背後都有其戰略思維，這個思維主導了每一個樂章的主旋律。從一九五〇年到今天，中美關係的發展已歷經三個樂章，雙方的戰略思維雖不一致，卻也共同譜出一首交響樂。如表2.1所示，中美關係的第一樂章，是自一九五〇年至一九七九年雙方建交為止，從美國的角度來看是「圍堵」，從中國大陸的角度來看是「突圍」。美國想阻止共

表 2.1　中美關係交響曲的四個樂章

	美國	
第一樂章 一九五〇～一九七九	圍堵	圍堵共產主義擴張
第二樂章 一九七九～二〇一六	交往	聯中制蘇 引君入甕 和平演變
第三樂章 二〇一六～	壓制	阻止中國大陸崛起 貿易戰 科技戰
第四樂章 ？	領先	保持領先地位 尊重中國大陸的份量 強化盟友關係 強化制度對中國大陸的約束力量 共同管理台灣，逐步棄台

中國大陸		雙方關係	
突圍	輸出共產主義 建立緩衝網	**敵對關係**	平行世界 互不往來 雙方皆無意開戰
開放	聯美制蘇 借力使力	**關係正常化**	一個中國政策 各領域的密切交流
抗衡	中華民族偉大復興 中國夢 中國製造二〇二五 兵來將擋水來土掩	**比腕力但不打架**	主場域：西太平洋、貿易、科技
共治	尊重美國的地位 經濟體制改革 積極追求創新 縮小台灣空間	**美國不再是世界領袖**	在新架構下回到競爭與合作並存的關係 危機共管

產主義擴張，並將中國大陸圍堵在第一島鏈內；中國大陸則對外輸出革命，尤其是在東南亞地區。在此一樂章下，雙方是敵對關係，而且是兩個平行世界，互不往來，但並無意真正開戰。一九六九年珍寶島事件象徵中蘇矛盾激化，給美國見縫插針的機會。美國前總統尼克森一九七二年訪問中國，象徵雙方戰略思維已開始轉變，第一樂章進入尾聲，第二樂章的主旋律準備登場。

一九七九年雙方建交，正式進入第二樂章。對美國來說，第二章樂章的主旋是「交往」，美國的戰略思維是：（一）聯中制蘇。（二）引君入甕，亦即將中國大陸引入美國建構的資本主義國際體系。（三）和平演變，亦即透過各種經貿交流帶動經濟社會變化，最後達到改變政治體制的效果。

至於中國大陸，主旋律則是開放，完全是順勢而為，其戰略思維是：（一）聯美制蘇：與美國改善關係，可牽制蘇聯。（二）借力使力：中國大陸正要推動改革開放，需要和平的國際關係，與美國改善關係，可借其之力使改革開放順勢前進，可謂一舉兩得。此時的中美關係已正常化，彼此交往密切，建立了各面向各層次的交流與溝通管道，中國大陸更逐步融入世界體系。然而，第二樂章到歐巴馬第二任開始進入尾聲，歷時約三十七年，可說是最長的一個樂章。

從歐巴馬第二個任期開始，中美矛盾日益顯現。一方面中國大陸崛起速度愈來愈快，中美實力差距開始大幅縮小；另一方面，習近平上台後在國際事務上顯得更積極，除東亞及南海領域外，也在非洲與拉丁美洲擴大影響力。更甚者，習近平高唱中華民族偉大復興及中國夢，充滿強國思想，集權現象愈來愈明顯。以上種種皆讓美國倍感威脅，川普當選後，更把這種恐懼感推往極限。美國第三樂章的主旋律可說是壓制，也就是要阻止中國大陸崛起，這是美國對中國大陸第二樂章主旋律的一個反應。

二〇一五年白邦瑞（Michael Pillsbury）出版的《2049百年馬拉松》（*The Hundred-Year Marathon*）一書，最能反映美國戰略思維的轉變。這本書猶如一部懺悔錄，敘述美國從尼克森總統一路以來是如何協助中國大陸發展，但中國大陸不知感恩，未來更想要取代美國，而他自己和其他官員則是過於一廂情願。他說中國大陸「過去騙倒了我和美國政府……他們的舉動說明了美國有史以來最有系統、最為關鍵，也最危險的情報大失敗」。

川普上任後，視中國大陸為修正主義國家，就如同川普的《國家安全戰略報告》所言：「中國和俄羅斯想要塑造一個與美國價值和利益對立的世界。中國想要取代美國在印太地區的地位，擴大其國家主導經濟模式的影響，並且依其利益改變這個地區的秩序。」川普任命的官員中，包括納瓦羅（Peter Navaro）、波頓（John Bolton）都是反華大將。川普開啟貿易戰，干涉科技領域的競爭，對中興和華為打出重拳，同時在南海搞自由航行，支持台灣的民進黨政府。看來美國似乎是窮其除軍事以外的所有工具，務求壓制中國崛起。

起伏不定的中美雙邊關係

中國大陸的第三樂章，基本上是被動式回應美國的壓制。簡單的說，美國想要壓制中國大陸的崛起，中國大陸並無意與美國為敵，但也必須抗衡這股壓制力量，因為這關係到中國共產黨的生死存亡。雙方現在就像是在比腕力，但還不到動手打架的地步；競爭激烈，但還不到敵對關係。這一樂章在兩個主旋律的衝撞之下自然是動盪起伏，但結果如何，雙方會進入什麼樣的第四樂章，則是我們必須關切的課題。

第三樂章的美國是壓制，中國大陸是抗衡。中國大陸了解自身是既存秩序的獲利者，但隨著國力上升，也希望能夠得到相應的地位與影響力，尤其是在亞太地區。這是中國大陸提出「新型大國關係」的大背景，只是沒料到川普真的會發動貿易戰。從貿易戰開始至今，中國大陸不能不反擊，否則等於一開始就認輸，不僅影響習近平的地位，也將影響中共政權。中國大陸也知道貿易戰的衝擊，雖然二〇一八年十一月前的出口大幅增加，但那是搶時間，隔年就會出現效應。以出口為主的浙江省即發布一份報告指出：「總體來看，預計二〇一八年一至十一月，我省對美出口將持續保持增長，到十二月份基本恢復常態，二〇一九年一月將呈現下滑趨勢，貿易摩擦的影響將集中體現在明年上半年[16]。」一些經濟學家更憂心忡忡指出，二〇一八年的經濟成長率將大幅下滑[17]。二〇一八年十二月十八日，習近平在慶祝改革開放四十週年會上特別提到，中國未來可能遇到「難以想像的驚濤駭浪」。顯然中共對經濟情勢之險惡也有所認知，但也同時預告自己不會輕易屈服，尤其是他還表示「必須毫不動搖鞏固和發展公有制經濟……不該改的、不能改的堅決不改」，展現長期抗戰的決心。

貿易戰的效果需要時間來深化與顯現，例如廠商外移，中美關係必然經歷一番起起伏伏的浪濤衝擊，這是結構下的必然，但這只是過程，可長可短，至於結果，不外以下幾種可能：中國認輸、中美各退一步，達成共識、中美全面軍事衝突。

所謂中國認輸，就是接受美國所提的條件，尤其是在「中國製造二〇二五」上。美國現在是要強壓中國低頭，以美國的實力不會認輸，也不必認輸，因為中國需要美國遠甚於美國需要中國，要認輸的只有可能是中國大陸。但中國大陸無論如何也必須咬牙硬撐，一旦認輸退讓，代價太大——退讓只會讓美國對中國的壓制愈來愈強、退讓必然延緩十九大有關兩個百年的期限規劃，不僅崛起必將倒退，「中華民族偉大復興」的神話也隨之破滅、退讓可能既危及習近平個人的地位，也影響中共政權的正當性、退讓可能讓過去五年在國際社會上所建立的影響力付諸流水，中國也成了國際認證的紙老虎、退讓意味著中國模式的挫折。對中共來說，心裡有不能認輸的痛苦，因此咬著牙也必須撐到美國願意有所妥協為止，雙方都有台階可下，不過時間長短可難說了。

中美全面軍事衝突的可能性

至於中美的全面軍事衝突，理論上存在，但可能性實在非常低。美國學界大多數也持這樣的看法，而且建議美國應該更強化自身以及與聯盟的關係，同時謹慎管理雙方的競爭。個人認為，中美敵對是結構下的必然，但中美之間不會撕破臉，同樣也是結構下的必然。這兩個「必然」彼此矛盾卻又同時存在，這就是中美關係的核心本質。

其實中美關係與冷戰時的美蘇有許多不同之處，當時的美蘇都沒走向戰爭了，更何況是現在的中美關係。從敵對的角度來看，雖然中美競爭程度升高，但與冷戰時美蘇的全面敵對仍有一大段距離，雙方競爭激烈，但還沒有高到無法控制以致於必須拚個玉石俱焚。其次，今日的全球化情況遠非冷戰時可比擬，中美都深深嵌入此一結構中，全球化結構本身也不樂見中美出現軍事衝突。雖然川普對這個秩序不滿，但美國學界與體制內的人大部分都認為，美國應該更積極參與這個秩序，而不是從這個秩序抽離。第三，現在中美彼此關係密切、複雜，雙方仍有合作的需要與空間。第四，中國雖然是新興強權，但仍是現行體制內的參與者，也無意和美國爭奪世界領導地位，而且中國至今也未結盟來對抗美國。第五，在當前結構下，任何一方如果想升高衝突，遲早都會發現，那將是兩敗俱傷。現在的中國大陸固然實力還與美國差一大截，但也不是昔日吳下阿蒙，川普想要藉升高貿易戰來遂行其戰略，顯然內部意見也不一致，而這個內部分歧反映的即是中美關係此一特質。

中美之間的戰略對抗在兩個結構性必然之下，將是動盪起伏，但不致於失控，重點在於雙方如何相互理解，並找到管理與調控競爭的模式。個人認為，中美關係正在進行一次大調整，雙方不打不相識，終究會達成一個新共識，進入第四樂章。

川普團隊認為，美國過去的交往戰略思維是對中國大陸的誤判，但其實他們現在所採取的政策也是誤判。首先，他們認為中共政權的正當性完全建立在經濟發展上，只要經濟發展受挫就會危及政權，中共就不得不讓步。但真相是中國大陸對美國貿易的依賴度已逐年降低，根據劉遵義的研究，中美貿易逆差沒有美國說得那麼大，對中國大陸GDP的影響也在可忍受範圍內，更何況中國還有民族主義，其承受力沒有美國想像得那麼差。

其次，美國想要遏止中國的「中國製造二〇二五」計畫，出重手打擊中興和華為。中興是受創嚴重，但華為並沒有被擊垮，歐盟也不願隨美國起舞，更何況華為與美國企業的利益也是密切關聯。最後，川普團隊太輕忽中國大陸的高科技產業不只是全球化而已，更在全球供應鏈中形成特殊綜效，這也是蘋果手機難以離開中國大陸回到美國生產的原因。最後，他們認為這是阻止中國大陸崛起最後的機會，但中國大陸的崛起實際上已無法、也沒有必要阻擋，美國應思考的是如何讓其崛起能更有利於美國與全球。

川普主政下的中美關係第三樂章，是對第二樂章的背叛，可以說三十七年的交往政策成果已被壓制政策毀於一旦。二〇一九年七月三日，美國一百零一位學者及前官員連署，在《華盛頓郵報》寫了一封公開信給川普及國會，強調「中國不是敵人」。這封公開信本身說明了川普決策的封閉性，他聽不進不同的意見。更重要的是信中所傳達的重要信息：（一）中國大陸將取代美國的恐懼被誇大了，中國大陸實際上還稱不上是對美國國家安全的威脅，更不是鐵板一塊，內部仍有主張合作的聲音，但川普的政策卻助長了中國鷹派的力量。（二）中國大陸的一些作為的確是對美國的挑戰，但美國的應對策略完全錯誤，適得其反，有違美國乃至全球的利益。（三）「美國不可能有效阻撓中國的崛起卻不傷害自己。」（四）「中國參與這個國際體系，關係到這個體系的存續及有效處理共同問題，如氣候變遷[18]。」在這些前提下，美國應該與盟國合作，也應該與中國大陸採取合作與競爭平衡的策略，而非視之為敵國。

這些連署者中不乏重量級學者，他們的聲音或許無法立即改變川普政府的作為，但這樣的戰略思維仍不可輕忽。個人認為，這些政學界人士的戰略思維基本上還是第二樂章的延續，例如他們也認為：「對於中國反民主的作為，美國最好的應對之策是與盟友合作，創造一個更開放、繁榮的世界，並提供中國參與的機會」，而且中國大陸參與這個體系，更是這個體系存在與有效運作的關鍵。不過，它的著重點與第二樂章不同，也超越了第三樂章，他們認為維持美國競爭力才最符合美國的利益。

第四樂章如何走下去

個人認為，中美關係的第四樂章，美國的主旋律是「領先」，它讓第二樂章的和平演變效力得以繼續發酵，其主要內涵則包括：（一）不以遏阻中國崛起為目標，而是強化美國競爭力，不斷保持領先（尤其是在軍事及科技領域），讓中國只能在後窮追猛趕。（二）接受中國崛起，但要把中國更緊密地嵌入美國主導的世界體系，一方面給予中國應有的尊重，另一方面強化對中國大陸的制度性約束，並共同面對全球挑戰。（三）重新建構與盟友的關係，以有效制衡中國的軍事企圖。（四）不再把台灣當對抗中國大陸的籌碼，甚至出現棄台作為。

從中國的角度來看，主旋律則是「共治」：（一）不挑戰美國的老大地位，但要求符合自己份量的尊重。（二）經貿體制改革更符合西方要求。（三）進一步強化自主創新的能力，不放棄「中國製造二〇二五」，追求小幅落後但局部領先的目標。（四）縮小台灣的選擇空間，最後讓美國從戰略三角中出走。（五）軍事活動上有所節制，不製造中美緊張。

中美利益如此密切相關，很難發展成軍事衝突，也不太可能長期全面對抗，進入第四樂章是遲早的事。然而民進黨政府卻以中美第三樂章而沾沾自喜，短期內或許有利民進黨「撿到槍」，但中美關係一旦進入第四樂章，撿到的槍就要全部繳械了，台灣也可能跟著倒楣。第四樂章的前奏已慢慢響起，台灣主政者豈能聽而不聞！

中國大陸的磁吸與台灣的依賴

改革開放之前，兩岸互不往來，中國大陸也還很落後，談不上什麼磁吸能力，但對外開放，中國大陸加入全球貿易體系之後，台灣已不可能在經濟上孤立於中國大陸之外，這是台灣的地緣宿命與歷史宿命。從地緣宿命來看，兩岸如此之近，而中國大陸經濟規模如此之大，成長如此之快，經濟的磁吸能力讓台灣根本無所選擇。從歷史宿命來看，中國大陸一旦加入國際經濟體系，過去「不接觸、不談判、不妥協」的日子，也只能當歷史來緬懷了。

一九九〇年代初期，中國大陸雖然吸引了一批台商，但幾乎都是以成本為競爭優勢的傳統產業。然而，隨著經濟的發展與升級，兩岸經貿交流不僅不斷成長，並且逐漸發展出一套分工體系，台灣對中國大陸的依賴也愈來愈深。根據政府統計資料，二〇一七年的兩岸貿易總額為一千三百九十二億美元，二〇一八年則上升到一千五百五十三億美元，並未因民進黨執政而下降，與陳水扁執政時期一樣。除此之外，中國大陸的磁吸作用已包括製造業、服務業的資金及人才，尤其中國大陸往高科技方向發展，大量挖角台灣人才已不是新聞了。二〇一八年二月二十八日公布的所謂「惠台三十一條」，更展現將台灣逐步納入其產業鏈、經濟圈的企圖心，其最終的目的是讓台灣成為其附屬經濟體，這也是為其未來的統一及一國兩制設計在鋪路。

台灣對中國大陸經濟的依賴，由局部而漸漸走向全面，從「惠台三十一條」

已可看出。中國大陸運用台灣對自己的依賴，讓台灣的產業、資金、人才加速往對岸移動。此外，中國大陸股市盤子大、本益比高，具有相當吸引力，最具指標性的即為鴻海子公司富士康工業互聯網股份有限公司。一家象徵鴻海未來發展方向與主力的公司，二〇一九年四月就在中國上市，鴻海也將在中國投資半導體廠[19]。當中國大陸呈現更多機會、更高報酬時，自然會吸引更多台灣青年往中國大陸發展。根據《遠見》雜誌二〇一八年的民調，十八歲到二十九歲這個族群對赴中發展最踴躍，比例超過五成三，比前一年成長十點五個百分點，讓我們看到這個趨勢已到起飛時刻。

對於兩岸經貿的發展，台灣有無戰略構想至關重要。在九〇年代初期，第一批登陸的台商以傳統產業為主，利用中國大陸的廉價土地、勞力及寬鬆的環保要求。然而，當時的國民黨政府在李登輝主政之下，已開始思考兩岸經貿關係的戰略，並委託麥肯錫顧問公司研究，後來提出亞太營運中心計畫，這份計畫就是兩岸經貿的大戰略。亞太營運中心計畫的構想就是以中國大陸為腹地，利用對岸的發展潛力，將台灣既有的優勢發展成為亞太六大營運中心：海運轉運中心、空運轉運中心、金融中心、製造中心、電信中心與媒體中心。可惜的是，李登輝在一九九六年九月十四日提出「戒急用忍」政策，雖也是一種戰略，卻是退縮與自我設限的戰略，讓台灣失去了利用中國大陸經濟發展的戰略機會。真的是過了這個村，就沒那個店。

從那個時候開始，兩岸經貿與政治脫鉤，呈現經貿熱而政治冷的現象。陳水扁執政後比李登輝時代更限縮，至於「積極開放，有效管理」或「積極管理，有效開放」，都只是文字遊戲而已。馬英九八年執政期間，兩岸簽署了不少經貿協議，但不客氣地說，馬英九政府也缺少長期的戰略眼光。蔡英文執政後，依循的是陳水扁的限縮路線，問題是，兩岸經貿長期以來的成長，已使台灣在經濟上相當依賴對岸，更可怕的是，隨著中國大陸經濟實力的大幅增加與結構轉型，兩岸經貿不只是由互補轉為競爭，而且中國大陸反而握有兩岸經貿的主動權。簡單來說，過去兩岸是互補，但在轉向競爭的過程中，中國大陸已走向超越，開始進入取代與吸納的階段。

認為台灣經濟可以脫離中國大陸經濟而發展，完全是錯誤而荒謬的想法。道理很簡單，當兩家企業在競爭時，一家在中國大陸有市場，另一家卻沒有，沒有的那一家成本會比較高，競爭力遲早就下降，終致被淘汰。更何況，台灣無法參與區域經濟整合，就像孤兒一樣，也有傷競爭力。在民進黨執政之下，政治上依賴美國，經濟上卻無法阻止對中國大陸的依賴，這樣的結構本身就沒有持續力，最終會走向三角的崩潰。

中國大陸一直堅持和平統一，因為這是統一與治理成本最低的方式。現在的兩岸交流除政治之外，包括經濟、文化、社會各方面，都是在為未來兩岸統一後的一國兩制模式在摸索鋪路，當然以經濟最為明顯。換言之，中國大陸透過這些手段，使兩岸統一成本不斷降低。

孤立的台灣

吳本立教授認為台灣是三角中最焦慮的一方，其應對之策包括：（一）與美國結盟或增加美中之間的敵意。（二）製造危機，試圖把美國捲進來。（三）找尋第四方支持。由現實來看，這三條對應之策都是死胡同。台灣依靠美國，美國卻不願與台灣結盟，因為美國不想被捲入與中國的衝突之中。蔡英文的「維持現狀」，其實是對美方的承諾，這個承諾就是不會跨越紅線，造成台海危機，把美國捲進來。美國對於陳水扁搞公投依然記憶猶深，當然不希望類似事件再度發生，而且時空不同，如果現在發生類似事件，中共反應必然更為強烈。現在美中之間敵對程度升高，台灣能夠不被波及就算不錯了，哪有縱橫捭闔的能耐？蔡英文的棋手說，只是自欺欺人罷了。美國在川普主政下一些支持台灣的作為，例如《台灣旅行法》，其出發點不是因為支持台灣，更不是因為民進黨政府對外工作的成果，而是美國與中國對抗之下的戰術工具[20]。

至於找尋第四方的支持，不僅不切實際，也是愈來愈困難。民進黨再度執政後已掉了七個邦交國，台灣參與國際活動的形勢也日益艱困，一些原本可以參與的國際活動如WHA、ICAO，皆被拒於門外。民進黨政府的新南向，主要著眼於經濟與社會層面，在政治上恐難有外溢效應。事實上除美國之外，其他國家對中國大陸都不具嚇阻效果，更不會為台灣蹚這個渾水。換言之，中國大陸憑藉其日增的影響力，慢慢將台灣置於天羅地網之中，而且這個網已愈縮愈小。

在這六個因素共同作用之下，戰略三角的崩潰已是必然趨勢，台灣要思考的是崩潰的時機、模式與條件，以及台灣最終想要追求的目標為何，然後才可能建構具有戰略意涵的因應之道。

美中台戰略三角真正在角力的是美國與中國大陸，雙方都在爭奪台灣，而台灣對中國大陸是不變動的核心利益，對美國卻是可變動的籌碼利益。不幸的是，台灣的籌碼價值在降低之中，而中美實力差距卻日漸縮小，中國愈來愈大膽，而美國干預的成本愈來愈高。儘管美中現在看似處於戰略競爭的階段，但雙方既有競爭的必然，也有合作的必然，既不可能出現美蘇那種長期冷戰，也不可能發生全面衝突，走向共治的第四樂章是唯一結局。就兩岸來看，台灣雖然害怕統一，但雙方經貿關係愈來愈密切，台灣經濟已實質上無法脫離中國大陸經濟圈，這種政治與經濟背道而馳的結構根本難以持續。隨著實力增強，中國大陸工具箱內的工具愈來愈多，使用代價愈來愈低。由以上六點來看，三角崩潰是必然結局，面對這個結局，才是台灣思考戰略的起點。

注釋：

1 大衛・藍普頓（David M. Lampton）著，林添貴譯，《從鄧小平到習近平》，台北：遠流出版，二〇一五年六月，頁141。

2 Townshend, Ashley & Matilda Steward, *Averting Crisis: American strategy, Military Spending and Collective Defense in the Indo-Pacific*, the University of Sydney, Aug., 2019, p. 2.

3〈解放軍密集繞台演訓　中國指習慣就好〉，美國之音，二〇一七年十二月二十六日，

https://www.voacantonese.com/a/china-taiwan-military-exercise-20171228/4182548.html。

4 Cropsey, Seth, "China's Salami-Slicing Policy toward Taiwan", *National Review*, May 14, 2018. https://www.nationalreview.com/2018/05/china-taiwan-policy-strategy-erode-sovereignty-isolate/.

5 USNI News, "Report to Congress on Chinese Maritime Disputes", June 12, 2018. https://news.usni.org/2018/06/12/report-congress-chinese-maritime-disputes.

6 郭篤為，〈巴拿馬外交轉向週年　中美大國博奕內幕解密〉，ＢＢＣ中文網，二〇一八年五月二十七日，http://www.bbc.com/zhongwen/trad/chinese-news-44269755?ocid=socialflow_facebook。

7 李欣穎，〈美學者：中美對立　台灣應避免向北京挑釁〉，中央社，二〇一八年十二月十一日，https://www.cna.com.tw/news/aipl/201812100386.aspx。

8 Office of the Secretary of Defense, *Annual Report to Congress: Military and Security Developments Involving the People's Republic of China 2018*, pp. 94-95.

9 易思安（Ian Easton）著，申安喬等譯，《中共攻台大解密》，台北：遠流出版，二〇一七年十二月。

10 Friedman, Thomas，〈定義美中關係的歷史關頭〉，二〇一八年五月三日，紐約時報中文網，https://cn.nytimes.com/opinion/20180503/america-china-trump-trade/zh-hant/。

11 Carter, Ash, "Remarks previewing the FY 2017 Defense Budget", US Department of Defense, February 2, 2016. https://www.defense.gov/News/Speeches/Speech-View/Article/648466/remarks-previewing-the-fy-2017-defense-budget/.

12 The White House, "National Security Strategy of the United States of America", December 2017, p. 2. https://www.whitehouse.gov/wp-content/uploads/2017/12/NSS-Final-12-18-2017-0905.pdf.

13 Ibid. p. 25.

14 大衛・藍普頓接受《中國時報》專訪時，也表明雙方已經過了臨界點。http://www.chinatimes.com/newspapers/20180528000536-260119。

15 魏嘉瑀，〈兩強競爭，終須一戰？國際關係大師艾利森：中美兩國已在「修昔底德陷阱」中央，星星之火就能點燃全面戰爭〉，風傳媒，二〇一八年十二月十一日，https://www.storm.mg/article/698813。

16 〈貿易摩擦下，中國出口反常大漲，背後發生了什麼驚心動魄的事？〉，超越新聞網，二〇一八年十一月十五日，http://beyondnewsnet.com/20181115/42560/。

17 甄樹基，〈人大教授向松祚引述官方內部消息今年實際經濟增長只1.67〉，rfi世界之聲，二〇一八年十二月二十日，http://trad.cn.rfi.fr/%E4%B8%AD%E5%9C%8B/20181220-%E4%BA%BA%E5%A4%A7%E6%95%99%E6%8E%88%E5%90%91%E6%9D%BE%E7%A5%9A%E5%BC%95%E8%BF%B0%E5%AE%98%E6%96%B9%E5%85%A7%E9%83%A8%E6%B6%88%E6%81%AF%E4%BB%8A%E5%B9%B4%E5%AF%A6%E9%9A%9B%E7%B6%93%E6%BF%9F%E5%A2%9E%E9%95%B7%E5%8F%AA167。

18 Fravel, M. Taylor, J. Stapleton Roy, Michael D. Swaine, Susan A. Thornton and Ezra Vogel, *The Washington Post*, July 3, 2019. https://www.washingtonpost.com/opinions/making-china-a-us-enemy-is-counterproductive/2019/07/02/647d49d0-9bfa-11e9-b27f-ed2942f73d70_story.html?utm_term=.274faf540adf.

19 曾仁凱，〈鴻海揮軍珠海　建半導體基地〉，《經濟日報》，二〇一八年八月十八日，https://money.udn.com/money/story/5612/3315920。

20 黃介正，〈美國挺台灣　變成恐怖情人〉，中國評論新聞，二〇一八年四月二日，http://hk.crntt.com/crn-webapp/touch/detail.jsp?coluid=1&kindid=0&docid=105025699。

第三章 想像的世界與真實的世界

美中台戰略三角雖說是結構性的層次，但美中台的互動仍脫離不了決策者的認知。外交政策的形成過程中有很多因素，彼此之間的認知與想像，就像一張濾網一樣，過濾各種內外部因素。決策者透過認知來認識和解釋世界，並依此採取行動。國與國之間對彼此有什麼樣的認知與想像，就有什麼樣的外交政策與關係。在美中台戰略三角中，彼此如何看待對方的行動、關係的變化以及實力的認知等，必然影響三角的趨勢與穩定。

美中台戰略三角中，兩大一小，小的焦慮感最深，而且從一開始就依賴美國來維持生存，因此，我想先從這個角度談美中台戰略三角在七十年的過程中，在台灣留下的印記。

昨日的印記，明日的災難

美中台戰略三角是一個長達近七十年的結構，在台灣身上留下深刻印記，甚至成了生活中很自然的一部分而不自覺。了解這些印記是台灣在思考未來時的必要功課。

第一個印記是台灣大多數人都認為，或者說期望，美中台戰略三角與兩岸和平是一個永恆且理所當然的存在。台灣在三角中是最小的一方，也是最無奈的一方，台灣依賴美國太久，也太深了，已經深入潛意識之中。潛意識中台灣對美國的背叛有很深的焦慮，表面上卻要自欺欺人，「維持現狀」，甚至於「永遠維持現狀」的想像，就是這個印記最鮮明的證據。長期以來，有關台灣未來選擇的各類民調，廣義的「維持現狀」始終排在第一位，這是美中台戰略三角留給台灣民眾的期待與想像，而民眾也生活在這樣的想像中[1]。個人曾多次到國內各大專院校演講，發現不少學生也存在這樣的想法，而且認為台海不可能出現武力衝突的情況。尤其是支持台獨的年輕人，他們並不認為台灣獨立會帶來戰火[2]。

前國安會祕書長蘇起曾在媒體撰文，指出台灣對美國的五種想像：（一）基於共同的民主價值與抗衡中共的戰略需求，美國非常重視台灣的存在。（二）台灣常以為碰到什麼事，美國一定會幫忙。（三）把來自美國任何人或任何單位的親台表述，都不分輕重地想像成美國的「愛台」表現。（四）美國為了對抗崛起的中國大陸，不僅會力挺台灣，還在走「一條聯合俄羅斯、歐盟、日本以圍堵中國的路線」，或「日美韓印圍堵中國的連線」。（五）台海如果出現危機，美國一定會像一九九六年那樣派出航空母艦來馳援[3]。這些想像反映的，其實就是潛意識焦慮下的一廂情願。這樣的想像根源於台灣對美國的高度戰略依賴，算是一種「戀美情結」。潛意識裡台灣對於被美國拋棄的恐懼，遠大於對中共威脅的恐懼，但表面上不願承認，也不願面對這種恐懼，因此把美國想像成對台灣是永遠不離不棄的愛人。

想像不是事實，事實總是冰冷殘酷。有這些想像的人，看不到美中台戰略三角已經走在崩潰的道路上；有這些想像的人，對台灣的價值有某種難以言喻的自戀，總認為美國有捍衛台灣的道德義務。

美中台戰略三角留在台灣的第二個印記，就是養成了台灣的依賴心理。長期以來，台灣靠美國維持台海的和平，也養成對美國依賴的心理，卻忘了對美國的依賴也讓台灣付出了一些代價：第一，台灣的行動受到美國限制，心理上也淪為美國的附庸。美中台戰略三角成了台灣的舒適圈，長久以來軍事行動受到美國限制，甚至外交政策也因為依賴心理而自我設限。更嚴重的是心理上淪為美國的附庸，台灣的行動不僅跟在美國屁股後，總統候選人也爭相到美國訪問，但名為「訪問」，實為「面試[4]」。

第二，台灣民眾沒有強烈的自我保衛意願。二〇一九四月三日，華府智庫「全球台灣研究中心」舉辦關於台灣年輕人政治態度的座談會，台灣民主基金會執行長徐斯儉在會上提到，該會最近委託調查的一份民調顯示，三十九歲以下的受訪者被問到若中國大陸採取武力統一，是否願意為台灣而戰時，有百分之七十點三的年輕人回答「是」，只有百分之二十六點五回答「否」。這一份民調反映的是真實現象嗎？相信不少人會懷疑。

根據政治大學的「二〇一七國家安全調查」，對「如果中國大陸攻打過來的話，請問您覺得我們國軍有沒有足夠能力保衛台灣？」這個問題，百分之七十五點五的受訪者回答「沒有」。至於美國會不會出兵幫忙台灣，百分之四十三點四的受訪者回答一定不會或不會，百分之四十點五的受訪者回答一定會或會。當被問到「如果台灣宣布獨立會引起中國大陸攻打台灣，請問您贊不贊成台灣獨立？」百分之五十九點一的受訪者回答非常不贊成或不贊成，但仍有百分之二十六點三的受訪者回答非常贊成或贊成。至於對兩岸戰爭的反應，問卷是以開放性方式來問受訪者：「如果台灣與中國大陸發生戰爭，請問您會採取什麼行動？」回答順其自然的人有百分之三十六點九、逃跑或出國的有百分之十六、躲起來者有百分之二點二，全部相加超過半數；回答抵抗（百分之四點一）、從軍（百分之四點九）、保衛國家（百分之一點五）者，全部相加也只有百分之十點五[5]。由這兩份問卷的資料來看，哪一份更符合真實情況，應該不難判斷。

年輕一代是否願意為台灣一戰？

長期以來，台灣年輕人視服兵役為畏途，軍人在台灣的社會地位並不高，社會也沒有給予軍人適當尊重，由此即可看出台灣民眾缺乏自我保衛的強烈意願。兵役制度的演變更可看出荒謬之處。台灣的兵役制度原來是採取徵兵制，但由於兩岸長期無戰事，民眾又視當兵為畏途，於是陳水扁執政時推動募兵制，馬英九與蔡英文則繼之落實。換句話說這是民意趨向，兩黨都開了支票，誰都沒有勇氣把支票撕了。然而從實際情況可知，募兵制根本召不到足夠的兵力，國防部一方面年年用謊言來搪塞政治人物，一方面又出奇耍怪來召募，似已到了黔驢技窮的地步。

美國官方當然也看出了其中的矛盾：台灣想獨立自主，卻又不想冒生命危險。二〇一七年錢復曾率團訪問美國，與美方重要官員會晤，據媒體報導，「美方重要官員卻在談及台灣安全時，直率地向訪問團表示，台灣的安全必須要靠自己」，並提出兩點建議：「第一是台灣的國防預算最好不要低於GDP的百分之三，第二，對方明確表示，台灣的募兵制是錯誤的，暗示台灣應該考慮恢復徵兵制[6]。」美國的資深軍事記者顏文德（Wendell Minnick）於《國家利益》（*The National Interest*）雜誌上也撰文表示，「華盛頓應設法說服台灣的蛋頭政治菁英，不要再幻想美國會像泰山一樣出現，救台灣於虎口之下[7]。」他認為台灣現在兵力不足，裝備不足，士氣低落，軍人社會地位不高，政府又砍退休金，想要抵抗中共的第一波攻擊，無法令人樂觀。簡單地說，台灣民眾不知道自己的處境危險，更不知道不論是中美衝突或兩岸衝突，台灣都是主要戰場，必須自己應付第一波攻擊。

台灣和以色列在這一方面就形成強烈對比。以色列和台灣都有美國的支持，事實上，美國對以色列的支持遠遠超過台灣，但以色列的自主程度比台灣強很多，而且以色列是以自身的實力與歷次戰役的勝利，來維持自身的安全。以色列可以說是「全民皆兵」，不論男女年滿十八歲就得服役，在以色列隨處都可看到這些持槍的少男少女。以色列需要用民調來證明年輕人防衛國家的決心嗎？民調又能證明防衛的決心嗎？更重要的是，台灣政治人物粉飾太平、不敢說實話，民眾也沒有強烈的防衛決心和意志，形成一個惡性循環。這個惡性循環不打破，台灣安全就是隨時等待被戳破的假象。

台灣是「真民主」還是「反民主」？

美中台戰略三角留在台灣的第三個印記，就是台灣民主化的扭曲，最後甚至走上民主化的回頭路而不自知。從歷史來看，戰略三角從一九七〇年代初開始和緩後，台灣民主化的力量開始成長茁壯，而在二〇一六年戰略三角轉趨不穩定時，台灣又走向反民主的道路。兩蔣時期的國民黨政府和今天的民進黨政府，都是利用「恐中」心理來合理化其限制人民自由的措施。一個是真威權，一個是假民主，這真是一個既諷刺又荒謬的歷史發展。

民主的崩潰往往不是因為「境外勢力」的打擊，而是當權者的濫權與擴權，而「境外勢力」卻又被當成濫權與擴權的藉口。民進黨全面執政後，營造「反中」與「恐中」氣氛，成功創造一個外部敵人，也就是其所謂的「境外勢力」，然後再將「境外勢力」和「民主防衛機制」這兩個概念成功聯結在一起，形成一種因果關聯：因為有境外勢力對台灣民主的威脅，所以要建立民主防衛機制。什麼是「民主防衛機制」？說白了就是政府的濫權與擴權，就是對人民自由的限縮與剝奪。

在民進黨政府眼中，美國不算「境外勢力」，唯一的「境外勢力」就是中國大陸。民進黨政府告訴民眾，中國大陸利用台灣民主來製造假新聞、進行統戰、危害國家安全。這是事實嗎？我不知道，但我知道，這些都是民主開放的社會必須容忍的代價。

我不知道境外勢力製造了多少假新聞，但我知道，假新聞的效果是遞減的；我也知道，假新聞的來源何止一個境外勢力，而且台灣境內也不乏製造假新聞的政客、媒體與網路社群；我更知道，民進黨在二〇一八年九合一選舉慘敗不是因為假新聞，而是因為「討厭民進黨」成了最大黨。假新聞的確是民主社會的一個大問題，但問題不在境內或境外勢力，而在於如何迅速有效破解，更在於媒體的自律成長與民眾對假新聞辨識能力的提升，絕不是靠政府的權力來對付，這是台灣民主成長重要的一課。老實說，一個社會如果對政客或新聞媒體說謊都不在乎，又怎麼可能杜絕假新聞，管它是境外還是境內？

至於統戰，即使把兩岸交流都視為統戰，但效果究竟如何，有勞政府大動干戈嗎？二〇〇八年到二〇一六年的八年期間，兩岸交流最密切、最頻繁，可以說是統戰的高峰期，但二〇一六年還是發生政黨輪替。統戰有用嗎？個人高度懷疑。這幾年來的台灣，又有哪些重大抗議是中國大陸在幕後所操縱？我看不到，政府也沒有證據。拿統戰當民主防衛機制的藉口，沒有說服力。

國家安全是最後一頂大帽子，但政府要拿國家安全限制或法辦台灣人民，必須要有具體明確的證據，而不是用模糊字眼，或是想當然爾的猜測。境外勢力再怎麼利用台灣民主，還是難以傷害民主，但當權者卻可以假藉國家安全，利用法律來偷走民主。所謂「國安五法」的修法，就是把反中恐中的心理轉化為對付異己的法律，未來可能還會加上一個《中共代理人法》。這種偷走民主的方式，常披著合憲合法的外衣，讓一般人不察，因此更為可怕。

民主之下的獨裁者

哈佛政治學者李維茲基（Steven Levitsky）和齊布拉特（Daniel Ziblatt）看到川普為美國民主帶來的威脅，寫了《民主國家如何死亡》（*How Democracies Die*）一書，希望用他們淵博的歷史知識提醒美國民眾與世人。他們指出，民主曾死於軍人之手，這是在南美洲、亞洲及非洲在過去經常上演的戲碼；但民主也會死於民選領袖之手，尤其是在冷戰之後。現在殺死民主的不是明目張膽的獨裁，而是以一種「幾乎看不出來的步調逐漸腐蝕」。這就是「打著民主反民主」。

是的，民主需要防衛機制，作者稱之為民主護欄，可以說是民主運作的基礎，它包括「相互容忍」與「制度性自制」。相互容忍，就是「對手」與「敵人」的差別。相互容忍，視彼此為對手；無法相互容忍，則視彼此為敵人、為威脅、為危險的存在。一旦視他黨為危險威脅，就會激發心中的恐懼感，下一步就是不擇手段地要打敗對手。這兩位教授研究過幾乎每個民主崩潰的案例，「企圖專制者……都把對手貼上存亡威脅的標籤來合理化他們的集權。」學者蓋爾斯敦（William A. Galston）也指出，這些人自認為站在道德正確的一方，「用道德的語詞攻擊所謂人民的敵人，例如腐敗、自利、和外國共謀陰謀背叛人民[8]。」這不就是台灣正在上演的戲碼嗎？

至於制度性自制，在台灣用放大鏡都找不到了。制度性自制，就是領導人不濫用自己的權力，而且當領導人想濫用權力時，也會面臨政治菁英的共同反對。美國羅斯福總統在一九三六年以百分之六十一的多數連任，為了減少推動新政的阻礙，他隔年即提案要擴大最高法院的規模。如果此例一開，最高法院將變得非常政治化，更破壞「總統不該干擾三權分立」的關鍵規範，結果他碰到任內最大的反彈，除共和黨外，還包括媒體、法官與律師，以及為數不少的同黨議員。當掌權者想要擴權、濫權時，政治菁英不分黨派都應該站出來反對，而不是噤聲，或甚至於等而下之的為虎作倀。

民主之下的獨裁者是怎麼產生的？國外的案例告訴我們，這些獨裁者都是逐漸將手伸入媒體、法院，變更遊戲規則，內部敵人與境外勢力恰好又提供他們很好的藉口。台灣已快找不到獨立機關，媒體、監察與司法都已經政治化了，遊戲規則更是可以說變就變（如變更初選規則、修訂《公投法》）；現代民主崩潰的劇情已經活生生在台灣上演。當台灣民眾把注意力都放在對岸時，卻沒發現台灣的民主已被民進黨悄悄偷走。

「民主」與「民粹」的分辨

民進黨政府不只是偷走民主，更分裂台灣。台灣民主被扭曲的另一個現象就是外部敵人的內部化。以色列和南韓雖然都有外部敵人，但這兩個國家都沒有把外部敵人內部化。從兩蔣時代開始，長達幾十年的時間中，中共政權就一直被妖魔化，例如「朱毛匪幫」、「殺朱拔毛」等。按理說，一個團體有了外部敵人，應該更容易團結才是，但台灣卻提供了一個不同的故事。台灣的反對勢力在成形過程中，發現最廉價也最有效的區隔就是「認同」，把外省人說成權貴，把國民黨打為外來政權，至於什麼是民主，就沒有人在乎了。結果在台灣，民主與分裂就像連體嬰一樣，難以分割。

除台灣之外，最近這幾年，其實不少老牌民主國家也都面臨挑戰。這些挑戰中有一個深刻的問題，那就是「誰是人民」？當我們說「我們人民」（We the people）時，這個「我們」所指究竟為何？有學者稱這種挑戰是民粹主義（populism）對多元民主的挑戰，因為民粹主義將社會分為「我群」與「他群」，而他群不配享有政治權利[9]。

台灣二二八關懷總會理事長潘信行提到轉型正義促進委員會主委人選時曾說，「畢竟她還是我們自己人的總統，不是一天到晚找中國的總統[10]」。國民黨與民進黨之間的距離，竟然比國民黨與共產黨還遙遠，但國民黨與民進黨才是台灣的主要政黨，這種荒謬就是將外部敵人內部化的結果。台灣內部竟然還有自己人與非自己人，在這種情況下，台灣自然成了一個只容得下簡單分類與簡單思考存在的社會。

民主內在的精神是理性、容忍、自制、尊重、溝通與妥協，但在台灣卻找不到了。說難聽一點，台灣的民主是不是沒有靈魂的空殼？

二〇一八年的九合一選舉結果讓人意外，因為它打破了台灣選舉的兩個慣性：（一）民進黨長期執政的高雄市竟然被「韓流」征服；（二）民進黨慣用的悲情牌、統獨牌在這一次選舉竟然都失效。這兩個慣性被打破，是台灣民主提升的徵候嗎？我個人不敢樂觀，因為蔡英文在九合一選舉失敗後短短不到兩個月的時間，就靠反中一路「撿到槍」，她現在只有靠撿到槍自救，如果這些槍還有效，台灣的民主仍然只是假象。

大部分民眾都只看到美中台戰略三角保障了台灣的安全，卻沒有注意它也留下台灣難以克服的印記。所謂「禍兮福所倚，福兮禍所伏」，人在舒適圈待久了，一旦離開就難以生存了。讓人擔憂的是，美中台戰略三角舒適圈已走向崩潰的那一天，等那一天到來時，這些印記將會是台灣災難。

台灣對中國大陸的想像

民進黨現在是執政黨，在此我主要是談民進黨對中國大陸的想像。從現有的資料研判，民進黨對中國大陸可能有以下幾種想像。

第一個想像是認為習近平對兩岸發展有焦慮感，也需要交出成績單，而且為了延續馬政府八年執政的成果，必然會想方設法與民進黨接觸。蔡英文在二〇二〇總統大選前認為只要民進黨勝選，中共就會朝民進黨的方向來調整政策，就是這種想像下的思維。蔡英文在二〇一八年布吉納法索與我國斷交後表示，中國大陸一連串的外交打壓，「充分顯露出中國的不安與缺乏自信」，而這樣的不安與缺乏自信是來自於這段時間以來，台灣與美國等理念相近的國家，在經濟與安全層面上有更多實質關係的進展[11]。這樣的解讀如果不是自我安慰之詞，那就是這種想像的投射。

只要稍微了解兩岸關係中有關原則性的問題，尤其涉及到一中的政治基礎，根本沒有商量的餘地。更重要的是，習近平的確需要在兩岸上交出成績單，但這個成績單的重點恐怕不是與民進黨交流，而是「反獨促統」的成績，習近平在十九大報告中已清楚表明其意志、信心以及能力。

某些人甚至以為，習近平在報告中提及「馬習會」是對「蔡習會」的暗示，這其實也是一廂情願[12]。「馬習會」的意義，必須在特定的時空脈絡中來理解。「馬習會」之所以成局，其實是中共向民進黨及國際社會宣示，兩岸問題不是國際問題，而且「九二共識」是兩岸關係的定海神針。「蔡習會」如果要成真，那就必須走在「馬習會」的道路上，但這是蔡英文能接受的方向嗎？

在這樣的想像下，民進黨政府甚至於認為習近平是被官僚機構所蒙蔽。二〇一七年中國大陸兩會期間，國台辦主任張志軍在人大的一場會議後對記者表示：「台獨之路走到盡頭就是統一，但那樣的統一方式一定會給台灣社會和民眾帶來傷害。」他也指出，未來一年兩岸關係的最大挑戰是台獨勢力蠢蠢欲動，呼籲台灣各界和中國大陸一起築起一個反對和遏制台獨的銅牆鐵壁。張志軍這一段談話反映的是中國大陸的政策，但台灣的決策官員認為充滿惡意，因此懷疑兩岸關係至今沒有起色，是張志軍從中作梗，換言之，「張志軍要負完全的責任」。這位不具名的民進黨決策官員還說：「我方很難相信，這種言論會出自曾任外交官員的口中，或許我方對張志軍不該有如此不切實際的期待[13]。」

這位決策官員或許是想為兩岸關係不佳卸責，但卸責也要找專業一點的理由，如此的判斷，只能說與實際情況相差不止十萬八千里。兩岸關係牽涉到中國大陸的核心利益，任何國台辦主任的發言都非個人意見，不會隨興發言，更何況是在兩會期間回答媒體的提問。民進黨這位決策官員甚至對國台辦指指點點，他認為國台辦最近被整改，不只紀律出現問題，連政策方針都無法掌握，面對兩岸新形勢無所作為，難怪傳聞要遭到撤換。這樣的判斷如果是出自情資系統，那情資系統恐怕也出了問題，即使消息真來自於情資系統，也應該要有專業的判斷力分辨真偽。只要長期觀察中國大陸的對台政策，尤其是最近這一、兩年的政策，都可以發現中國大陸各項發言與作為都是一貫的，而且官方緊，民間鬆，怎麼會是毫無作為？事實上，我們要擔心的正是中國大陸的各項作為。

張志軍的談話，重點其實不在「台獨之路走到盡頭就是統一」，而是中國大陸認為「未來一年兩岸關係最大挑戰是台獨勢力蠢蠢欲動」。這是中國大陸對當前情勢的一種判斷，尤其民進黨藉轉型正義之名推動軟性台獨，加深中國大陸的戒心，更難建立互信，因此，未來有關兩岸的作為只會更緊不會更鬆。換言之，蔡英文總統維持現狀的承諾將會碰到更多、更大的挑戰。

民進黨對「維持現狀」的想像

民進黨的第二個想像，是認為中國大陸身為一個非民主政體，沒有可續性，如果不改革總有一天會崩潰，但如果改革，一個民主的中國大陸將是台灣安全的保障。西方的主流觀點一向認為，中國大陸的經濟發展與政治發展距離太遠，如果現在的政體不往民主法治的方向調整，將會面臨治理危機。對民進黨來說，即使兩岸之間沒有官方交流，但只要能夠維持現狀，時間是站在台灣這一邊。如果沒有這樣的想像，我們很難解釋民進黨的兩岸政策。如果民進黨把台灣的未來賭在中國大陸總會崩潰的前提下，老實說這是一個相當大的賭注。這樣的賭注就像民進黨的廢核政策一樣，愈走愈難回頭，而且一旦發現無法達到預期目標時，想要轉變如果不是不可能，就是必須付出非常高昂的代價[14]。

民進黨對中國大陸的第三個想像是中國大陸打不過美國，也無法承受兩岸軍事衝突的代價，因此只要做到「維持現狀」，中國大陸就沒有理由動武。蔡英文稱習近平是一個理性的決策者，認為「任何對台動武的可能性，應該都不在他現在的決策思考裡面[15]。」基本上蔡英文說得沒錯，動武不在習近平「現在」的決策思考中，但在中國大陸的思維中，武力一直是中國大陸統一的依據，動武則是最後的手段。中國大陸的確會打算盤，但這個算盤不只是武力的計算而已，台灣真正要憂心的不是中國大陸動武與否，而是它的其他對台手段。民進黨也應該理解，中國大陸投入這麼多軍費在強化對美局部優勢上，其最終目的不在武力犯台，而是以優勢達到不戰而屈美台之兵。這一點在本書第二章已有詳述，不再贅語。

除此之外，蔡英文對習近平的理性判斷也是一種想像，如果她所有的言論與作為都完全建立在這個想像上，風險也不小。從歷史上來看，許多戰爭都是在非預期的情況下發生，事實上有學者提醒，已有跡象顯示，習近平認為如果入侵台灣，世界只會旁觀而已，就像俄國入侵烏克蘭一樣，但民進黨卻認為習近平是理性的，不會採取軍事行動[16]。

比較陳水扁與蔡英文時期中國大陸對台政策的變化，雖然原則沒有變，但重點、工具與效果卻明顯不同，這些變化都與中國大陸的綜合實力大幅上升有關。這些變化包括：

（一）陳水扁就職時強調「四不一沒有」，北京只是表態「聽其言，觀其行」而已；蔡英文就職前就一直強調維持現狀，但中國大陸並不接受，就職後立刻停掉所有官方協商，台灣雖得以暫時出席WHA，卻是在中國大陸設定的屈辱條件下出席[17]，同年底的ICAO大會即無法與會。

（二）陳水扁時代，中國大陸主要是「反獨」為主，在蔡英文時代，反獨依舊是重點，但也開始著重「促統」。二〇〇四年陳水扁推動公投綁大選時，中國大陸派戴秉國擔任特使，從三月十五日至十八日出訪美、德、法、日、俄五國，從他的回憶錄中可以看出，反獨防獨之情溢於言表[18]。但在蔡英文時代，習近平可謂是反獨與促統並進。在習近平主政之下，兩個百年的歷史使命感更強，統一即被嵌入其中，中國大陸吸納台灣的做法更為全面，也更為深入。二〇一九年開年，習近平「紀念告台灣同胞書四十週年」的講話中，提出一國兩制的台灣方案，更敲響了促統的鐘聲[19]。

（三）中國大陸本身的實力愈強，愈不依賴台灣內部的力量。在陳水扁時代，中國大陸尚寄希望於國民黨，但在蔡英文時代可以看得出來，中國大陸雖然仍需結合台灣內部的反獨力量，對於國民黨的態度卻與陳水扁時代相差甚遠。更何況，中國大陸一些作為更傾向於所謂操之在我者的部分，如中國大陸在二〇一八年二月二十八日提出的「三十一條措施」與後來提出的「居住證措施」，二〇一九年十一月四日又提出「二十六條措施」，甚至在大選前三個多月還搶了台灣兩個邦交國。

（四）中國大陸在外交上圍堵的力量更為強大。在陳水扁時代，兩岸的外交戰是明爭暗鬥，互挖牆腳，當時任國安會祕書長的邱義仁甚至還敢高喊「烽火外交」；但蔡英文時代台灣在外交上已淪為守勢，只能預告，無法預防。執政短短三年多就失去七個邦交國，未來如果再丟掉幾個也不會令人感到意外。

（五）在陳水扁時代，中國大陸僅管有軍演，但沒有機艦繞台的威嚇行為；但在蔡英文時代，中國大陸機艦繞台已有頻繁之勢。根據國防部一〇六年《國防報告書》的資料，從二〇一六年八月到二〇一七年十二月十一日為止，共機遠海長航中，「對馬海峽往返」共三次，「宮古海峽往返」七次，

「繞台飛行」十五次，「巴士海峽往返」一次。二〇一八年截至五月中，也已經累積至十一次之多。遼寧號及作戰艦艇編隊，穿越宮古水道，沿我防空識別區以外東部海域一次，行經台灣海峽三次[20]。這些都是陳水扁時代未見之事。

這些變化固然與領導人有關，但更重要的還是中國大陸綜合實力的提升。中國大陸或許打不贏美國，但不代表沒有辦法對付台灣。

民進黨政府對中國大陸的第四個想像，就是中國大陸的內政與外交挑戰多而複雜，台灣只要不挑動事端，就可以維持現狀。台灣不挑釁固然讓中國大陸無法採取激烈行動，但中國大陸目前也不希望採取過激的行動，而是透過一步步的封鎖與威嚇，讓台灣的生存與活動空間愈來愈小，更希望藉此改變台灣民眾的認知，削弱台獨的支持力量。

換言之，蔡英文的「維持現狀」反而與中國大陸現階段的對台政策是相輔相成，這就是民進黨的兩難困境——想要維持現狀卻不可得，想要突破卻又束手無策。巴拿馬與我斷交時，蔡政府除譴責外，更表示不排除將全面檢視、包括兩岸政策在內的政策，採取必要因應措施；布吉納法索與我斷交時，蔡英文表示不會再忍讓，但頂多只是嚴審中國大陸來台人士，比例完全不合，一個有如刀砍，一個有如蚊子叮咬。

美國對中國大陸的認知

美中關係是一個動態的發展，基本上與美國的戰略思維以及中國大陸的發展有關。美國對中的戰略思維大抵可分為三個階段：圍堵（containment）思維時期、交往（engagement）思維時期、戰略競爭（strategic competition）思維時期。圍堵思維是由美國駐蘇聯大使肯楠（George Kennan）提出，是二戰後美國的主要外交思維，其主要圍堵對象是蘇聯，但也包括中國大陸。到了尼克森擔任總統，由於中蘇交惡，美國對中的外交思維就開始由圍堵轉向交往，聯中制蘇，雙方並在卡特時期建立正式外交關係。

交往思維除了聯中制蘇之外，基本上認為打開中國的大門，就是打開外部影響力，而且美國也一直深信社經條件的轉變，尤其是經濟發展，自然會促發政治轉型。在這一段期間，美國對中國大陸提供不少援助，也接受不少中國大陸留學生，中國大陸在二〇〇一年成功加入WTO亦與美國有關。然而隨著中國大陸綜合國力不斷提升，美國似乎愈來愈感到威脅，雖然小布希政府視中國大陸為戰略競爭者，但在反恐之下，雙方關係仍是朝合作方向進行，一直到歐巴馬的第二任前後，「重返亞太」或「亞太再平衡」漸漸變成主旋律。歐巴馬提到《跨太平洋夥伴協定》（TPP）時也指出，如果沒有TPP，全球經濟規則將由中國來書寫，美國工人和企業都會受到不利影響[21]。美國顯然強烈感受到中國崛起的威脅，二〇一四年時曾有一位白宮官員親口告訴《金融時報》記者拉赫曼（Gideon Rachman），目前的美中關係是「百分之八十的競爭和百分之二十的合作[22]」。

川普當選之後這種態勢更為明顯，戰略競爭的強度可說是自冷戰以來所未有之情況，但這種情況也容易讓台灣產生誤判。

為什麼美國在歐巴馬的後期才明顯出現戰略思維的轉變？這與中國崛起的速度與影響力有關，換言之美國發現今天的中國已不是五年前甚或更久之前的中國，它已經初步具備和美國抗衡的實力，而且反映在國際事務上的影響力。在美國看來，如果任其發展下去，美國終將面臨更難處理的危機，甚至於處處顯得被動。事實上，攻勢現實主義者如米爾斯海默（John Mearsheimer）一直主張中國崛起必將挑戰美國的利益，而且兩國之間難免一戰。

柯慶生（Thomas J. Christensen）二〇一五年出版了《中國挑戰》（*The China Challenge*）一書，基本上反映的仍是交往政策的邏輯，他回憶自己在小布希政府任職時期，美國的對中戰略與現實主義者背道而馳。他認為現實主義觀點會限制美國理解中國崛起的挑戰與機會，而且雙方可以從彼此的成長與穩定中獲利。在這樣的觀點下，他認為美國的兩難在於如何強化其力量，以阻止中國使用其日益增強的軍事力量，同時要向中國保證美國的力量與盟友並無意阻止中國的崛起[23]。

同樣在二〇一五年，白邦瑞（Michael Pillsbury）出版《2049百年馬拉松》（*The Hundred-Year Marathon*）一書，反映的是美國戰略思維的可能轉變。這本書猶如一部懺悔錄，敘述美國從尼克森總統一路以來是如何協助中國大陸發展，但中國大陸則是不知感恩，未來更想要取代美國，而他自己和其他官員則是過於一廂情願。他說中國大陸「過去騙倒了我和美國政府……他們的舉動說明了美國有史以來最有系統、最為關鍵，也最危險的情報大失敗[24]」。

川普任命的官員中，包括納瓦羅（Peter Navaro）、波頓（John Bolton），都是反華大將，白邦瑞則是其顧問。納瓦羅在二〇一一年出版了《致命中國》（*Death by China*）一書，這本書指責中國賣假貨、毒貨，用八種武器，例如出口補貼、匯率操縱、仿冒、盜版與剽竊等等，摧毀美國的就業機會，幾乎把美國的經濟問題都歸因於中國。這兩本書，一個是從更大的安全角度，一個是從經濟的角度來分析中國大陸對美國的威脅，而且都提出了因應對策，說好聽是要贏得比賽，說難聽就是要抑制中國崛起。美國商務部長羅斯在二〇一八年四月二十四日的一場活動中說：「他們（中國）真正想要的是把從今天的傳統產業，例如鋼鋁和紡織服裝業中獲得的巨大的貿易盈餘，用於半導體研究，或者你能想像到的各種研究。」他認為中國政府推動的「中國製造二〇二五」是個「可怕」的戰略計畫，將對美國的知識產權形成威脅[25]。這些人的發言都反映了相同的認知與恐懼。

失敗的「和平演變」政策

沈大偉（David Shambaugh）在二〇一六年出版《中國的未來》（*China's Future*）一書，認為美國自尼克森總統以來的交往戰略，其三大前提已證明失敗（包括經濟現代化會導致政治自由化、中國會成為國際上負責任的利害關係人、中國不會挑戰美國主導的安全架構），而且兩者的關係明顯朝競爭的方向發展，但他認為兩國的重要責任是學習如何管理競爭，也就是競爭性共存（competitive coexistence）。他比喻中美兩國的關係有如婚姻關係，但離婚不能是選項，因為離婚就等於戰爭[26]。然而川普就職後，卻明顯向鷹派傾斜，藉拉高競爭態勢以圖壓制中國崛起的力道。

希拉蕊的顧問坎貝爾（Kurt Campbell）同樣認為，從尼克森以來對中政策的假設有問題，他也認為川普的《國家安全戰略報告》中對過去假設的質疑，是「正確的方向」，但他也擔憂川普的對中政策是只有對抗而沒有合作，進而使美國承受相當風險[27]。

奈伊（Joseph Nye）在二十餘年前曾向美國國會表示，如果把中國視為敵人，那保證他一定會變成敵人。這句話看來正是今日川普政府的寫照。川普的第一份《國家安全戰略報告》，其中不少論述與前兩本書幾乎一模一樣，其對中美關係本質的論述，看起來有從競爭（competition）向對抗（confrontation）傾斜的態勢：

（一）美國過去交往戰略的假設，例如與對手交往並將其納入國際制度，會讓對手變成善意的行動者與值得信賴的夥伴，根本是錯誤的[28]。

（二）中國大陸是所謂的修正主義國家，就如同報告所說：「中國和俄羅斯想要塑造一個與美國價值和利益對立的世界。中國想要取代美國在印太地區的地位，擴大其國家主導經濟模式的影響，並且依其利益改變這個地區的秩序[29]。」

（三）在經濟上，這份報告也認為中國利用國際經濟制度，卻沒有落實改革的承諾；中國大陸嘴巴講自由貿易，卻是選擇性的遵守規則。「幾十年來，美國允許不公平貿易成長，其他國家（中國）卻利用傾銷、非關稅障礙、強迫性技術移轉、非經濟能力、工業補貼以及其他政府與國有企業的支持，來獲取經濟利益[30]。」

（四）中國利用投資等手段在開發中國家擴大其影響力，並取得勝過美國競爭優勢，如非洲、拉丁美洲、東南亞等地[31]。

（五）中國已有相當實力，而且有意願利用其實力來發揮其全球影響力，如果再不遏制中國的崛起，將嚴重影響美國的戰略利益。

總而言之，美國不想失去獨霸地位，中國則是最大的威脅。在這樣的認知之下，美國現在的對中政策也就不難理解了。問題是，美國的能力辦得到嗎？中國能頂得住美國的壓力嗎？答案恐怕連美國人自己都不太樂觀。美國人認知的再轉變，將是中美關係第四階段的開始，也就是前一章所提到的「第四樂章」。

美國對台灣的認知

台灣與美國雖然沒有正式外交關係，但因為台灣對美國具有戰略價值，彼此關係密切，除經濟之外，雙方也有軍事上的合作，更有甚者，台灣的民主化過程乃至於當前的民主運作，背後都有美國的影子。每一次總統大選，各黨候選人幾乎毫無例外都會專程到美國一趟，與美國溝通自己的兩岸政策，並藉此向選民暗示美國對自己的支持。對美國來說，台灣既是可以操控的工具，也是可交換的籌碼，因為台灣沒有本錢與美國決裂。既是籌碼，美國就要讓籌碼有高的價值，唯有如此，美國在中美關係中才可以利用台灣。

冷戰時期，台灣具有圍堵的功能，美國以《中美共同防禦條約》強化台灣的工具價值，同時支持國民黨的威權體制。此時的美國可沒有要求國民黨政府民主化。但一九七〇年代，美國為了聯中制蘇，台灣則成了籌碼，美國把台灣的聯合國席位、國際空間以及中美外交關係，拿來當作中美關係正常化的伴手禮。中美關係改善之後，美國也施壓台灣民主化，暗中支持台獨力量，增加籌碼的價值。一個民主的台灣是美國保護台灣很好的藉口，而且一個有台獨聲音的台灣，對中國大陸也是一種壓力。然而美國並不支持台灣真的走向獨立，因為他不想被捲進台海糾紛，但美國也不希望台獨的聲音消失，否則台灣的籌碼價值就會降低。二〇一一年和二〇一五年美國對蔡英文態度的轉變，也可看出美國因為與中國大陸轉趨戰略競爭，因此民進黨政府執政是增加台灣的籌碼價值。美國會偏向國民黨或民進黨，也是看其戰略上的需要，以增加籌碼的價值。從這個角度看，兩岸「維持現狀」幾乎可以說是美國的最佳選項。

在台灣問題上，美國長期以來幾乎沒有懷疑，台灣是中國大陸的核心利益，如果台灣獨立，中國大陸必然會動武。美國不想被捲進台海衝突之中，因此相當在乎台灣是否能「維持現狀」。換言之，在美國眼中台灣是工具，是棋子，卻不允許台灣當棋手。川普在當選之後，雖然與蔡英文通電話，後來更有挑戰一中政策的言論，但其實台灣的處境反而更危險，因為川普只是純粹把台灣當成棋盤中的棋子，而棋子可能成為棄子。

美國對台灣政治的涉入其實相當深，對國民黨與民進黨的關係與支持也隨其戰略需要而調整。自從美國調整對中國大陸的戰略後，其對民進黨的支持顯然增加，國會部門也通過不少所謂「友台法案」，甚至有參議員建議眾議院邀請蔡英文演講，二〇一八年九合一選舉時，美國在台協會理事主席莫健甚至公開表達對外在勢力干預台灣選舉的憂慮，二〇一九年則是公然表示要「協助」台灣應對境外勢力對總統大選的干預。台灣人不能太天真地看待美國這些動作。

中國大陸對美國的認知

中國大陸對美國的認知，不僅學界之間、官員之間有不同觀點，事實上也隨國際情勢而變化。在毛澤東時期，美國是資本主義與帝國主義象徵，「美帝」一詞在那個時期可是人人琅琅上口。美中關係開始正常化之後，認知也隨著改變，尤其是在鄧小平時期，官方對美國的認知是美國既是朋友（因為中國大陸需要一個友善穩定的國際環境，同時也需要美國的資金與技術的協助，以推動經濟發展），但也要提防美國的和平演變政策危及中共政權。一九八九年六四天安門事件之後，鄧小平曾說：「西方國家正在打一場沒有硝煙的第三次世界大戰。所謂沒有硝煙，就是要社會主義國家和平演變。東歐的事情對我們說來並不感到意外，遲早要出現的……西方國家對中國也是一樣，他們不喜歡中國堅持社會主義道路[32]。」

在中國大陸改革開放的歷程中，中國威脅論始終如影隨形，尤其是最近這幾年，美國、日本、德國、澳洲、印度學界與官方時不時就提出警告，同時也可以看到反映此一情形的新概念，如「銳實力」「債權帝國主義」「強制性經濟力」「新帝國主義列強」「修正主義國家」等，對中國大陸的孔子學院也不乏各種指責。甚至中國推動的一帶一路，西方國家也開始質疑其目的及效益，例如德國外長嘉布瑞爾（Sigmar Gabriel）在慕尼黑安全會議上表示，中國藉「一帶一路」打造有別於自由、民主與人權等西方價值觀的制度，自由世界的秩序正在解體[33]。二〇一八年四月十八日，德國《商報》（*Handelsblatt*）報導，歐盟的二十八個聯盟國家中，除匈牙利外，有二十七國的駐華大使日前聯合發表報告，譴責中國的「一帶一路」計畫阻止自由貿易，使中國企業處於有利地位，並指責中國政府藉此分化歐洲並向歐洲國家施壓。除此之外，「開放的印太戰略」也被認為是圍堵中國的聯盟策略。

面對中國威脅論，中國大陸一方面是積極向外界說服，提出「和平崛起」、「和平發展」等概念，包括領導人在國際場合的各種講話，也一再企圖建立其和平無害的形象，卻始終說不出一個動人的故事；另一方面，中國大陸自然會認為這些都是西方國家想要減緩其崛起的的策略，並展開反擊。中國大陸認為西方搞對抗是冷戰的舊思維，而且認為美國想要建立的聯盟結構反而會造成區域的不穩定。二〇一四年五月二十一日的亞洲相互協作與信任措施會議（CICA）上，習近平表示：「要跟上時代前進步伐，就不能身體已進入二十一世紀，而腦袋還停留在冷戰思維，零和博弈的舊時代……強化針對第三方的軍事同盟不利於維護地區共同安全[34]。」習近平這一番話當然是說給美國聽的，也反映了他對美國的認知。

二〇一七年一月，中國大陸公布了「中國的亞太安全合作政策」白皮書，其中有多處都反映了中國大陸對美國意圖遏阻其崛起的認知，例如：「應客觀理性看待他方戰略意圖，拋棄冷戰思維，相互尊重正當合理的利益關切」「不能把個別國家的規則當作『國際規則』，更不能允許個別國家打著所謂『法治』的幌子侵犯別國合法權益」「冷戰思維、零和博弈、武力至上的陳舊安全理念已不合時宜」「不能犧牲別國安全謀求自身所謂絕對安全」「強化針對協力廠商的軍事同盟不利於維護地區共同安全」「有關雙邊軍事同盟應增加透明度，避免對抗性」「搞冷戰式的軍事同盟、構築全球和地區反導體系，既不利於構建戰略穩定與互信，也不利於構建包容性的全球及地區安全格局[35]。」這些話都是針對美國講的，其背後就是中國大陸對美國戰略意圖的認知。

習近平在二〇一四年五月二十一日的亞洲相互協作與信任措施會議上中提出：「亞洲的事情歸根結底要靠亞洲人民來辦，亞洲的問題歸根結底要靠亞洲人民來處理，亞洲的安全歸根結底要靠亞洲人民來維護。」聽在美國人眼中，當然就是要把自己趕出亞洲，然後中國自己做老大的意思。

接著在二〇一四年十二月，習近平在中共中共政局集體學習上表示：「我們不能當旁觀者、跟隨者，而是要做參與者、引領者，善於通過自由貿易區建設增強我國國際競爭力，在國際規則制定中發出更多中國聲音、注入更多中國元素，維護和拓展我國發展利益[36]。」這樣的表述反映了中國長期以來被美國壓制的憋屈心理。

「新型大國關係」也與中國大陸對美國的認知有關，這個概念首次出現在二〇一〇年五月「中美戰略與經濟對話」舉行期間，由當時的中方主談人國務委員戴秉國提出。二〇一二年二月，習近平擔任副主席時曾訪問美國，他提到「努力把兩國合作夥伴關係塑造成二十一世紀的新型大國關係。」這個概念可說是中國對美國未來關係的界定與期待；習近平二〇一三年訪美時則指出其內涵為「不衝突不對抗、相互尊重、合作共贏。」不衝突、不對抗與合作共贏，是中國大陸自身的意願以及對美國的期待，也是對美國亞太再平衡戰略的回應。由此可見，中國大陸認為美國的一些作為有衝突與對抗的意味；至於相互尊重，主要是回應美國的和平演變戰略，也反映中國大陸即使不是想要與美國平起平坐，至少在維護自身利益上會比過去更為堅定，不會輕易退讓[37]。

中國大陸對美國的另一個認知，是美國自二〇〇八年金融危機以來，國力與影響力都在走下坡，但中國大陸仍相當謹慎，因為美國儘管在走下坡，中國大陸的實力仍與其有一段差距[38]。正因有此認知，才有「新型大國關係」這樣的概念，這是崛起國家對既有強權的柔性挑戰。

就美中台戰略三角而言，中國大陸也認知到美國是解決台灣問題的關鍵。一方面，美國的實力與決心讓中共不敢輕易跨越紅線。另一方面，美國是制約台灣最有效的工具。一九九六年台海危機反映了美國的決心與實力，而二〇〇三年的公投危機則反映美國制約台灣的重要性[39]。

自川普上台後，中美不但沒有發展新型大國關係，反而處於更動盪的變化之中，這一點由貿易戰的反反覆覆及逐步升級即可窺知。雖然中國大陸一直期待新型大國關係，也不希望與美國打貿易戰，甚至於提升雙方的衝突，但在被動挑釁之下，中國大陸也沒有退讓的本錢。目前雙方都不知道彼此的底線與承受的能力，還在測試的階段，可能會不斷增加壓力，但終究要找到一個共同的台階。個人認為，大對抗之後就是大協商，而台灣即可能被包裹在這個大協商之中。

中國大陸對台灣的認知

有關中國大陸對台灣的認知，可以分為中華民國、國民黨、民進黨與台灣社會四個方面來看。我在與中國大陸學者及官方的接觸過程中發現，中華民國被中華人民共和國所取代的觀點，已經是其認知的一部分。我方不少官員、學者、媒體界人士，常和中國大陸官學界強調中華民國存在的事實，中國對中華民國視而不見，將是兩岸關係改善的障礙。在二〇〇〇年以前，中國大陸始終強調世界只有一個中國，而中華人民共和國政府是唯一合法政府。一九九三年的白皮書強調

「中央政府在北京」，二〇〇〇年二月的白皮書仍強調「中華人民共和國政府是中國的唯一合法政府」，但從二〇〇〇年八月二十四日錢其琛發表談話後，「大陸和台灣同屬一個中國」成為標準表述，不再提誰是合法政府，也不單提「台灣是中國不可分割的一部分」。二〇一二年胡錦濤在十八大政治報告中提及：「希望雙方共同努力，探討國家在尚未統一的特殊情況下的兩岸政治關係，作出合情合理安排。」合情合理聽起來固然柔軟，但再怎麼合情合理，恐怕也難讓中國大陸承認中華民國存在的事實。不過，個人曾有一次在與台辦官員協商時，對方私下曾說過，只要不提中華民國，他們也可以不提中華人民共和國。

對中國大陸來說，承認中華民國存在的事實等於承認「兩個中國」，也等於正式承認台獨可以藉中華民國掛牌上市，一旦承認中華民國存在的事實，對內可能危及政權正當性[40]，「一個中國」的說法以後在國際上將再也沒有任何說服力。換言之，中國大陸認為一旦承認中華民國，不僅統一遙遙無期，而且無異於放棄中共所設想的統一。個人認為，要中共正式承認中華民國存在的事實，除非有外在的強大壓力，否則根本是緣木求魚。雖然如此，中國大陸也應該思考，其政策也許是中華民國台灣化的原因之一。蔡英文所說的中華民國（台灣）基本上已成為主流思維，尤其在她以八百一十七萬高票獲勝當選後，更會朝這個方向繼續前進。中國大陸或許難以改變「一個中國」原則，但應思考如何讓其變得更有彈性，否則火車對撞將是難以避免的結果。

兩岸關係中的一個奧妙現象是，國共之間的距離小於民共之間的距離。無可諱言，國民黨與共產黨有戰略目標的重疊，亦即兩者對一中內涵的詮釋儘管各有不同，但兩者都主張「統一」。因為戰略重疊，雙方自然比較容易建立互信。然而即使是國民黨，誰擔任主席仍有差別。李登輝擔任主席時，雙方透過密使探討過不少議題，也舉辦了第一次兩岸會談，但自一九九五年的美國康乃爾之行後，雙方互信出現變化，中國大陸態度已經轉變，後來的文攻武嚇就不用再提了。

二〇〇〇年國民黨敗選後由連戰接任主席，其間徐立德曾數十次到中國大陸溝通，他們了解連戰反台獨並主張九二共識，雙方於是逐漸建立起政治互信，因此有了二〇〇五年的連胡會，兩人發表共同願景，並列入兩黨的正式文件中。更重要的是，馬英九執政八年所推動的兩岸關係，基本上都是依二〇〇五年的共同願景的規劃。馬英九擔任主席之後，其主張基本上與連戰無異，可以說是「連規馬隨」，雖然曾因為陸委會的人事任命而讓中國大陸不解與不快，但並未妨礙大局的推進。

中國大陸對國民黨的態度，也與國民黨的實力消長有關。民進黨第一次執政時，國民黨在立法院仍占多數，此時共產黨跟國民黨合作的戰略效益大；馬英九執政時，可以說是國共關係最佳時期，但中共對於國民黨未能把握機遇推進兩岸關係，私底下是有些不滿的。二〇一六年國民黨大挫敗，甚至在國會淪為少數黨，連單獨提釋憲案的人數都不足。在這種情勢下，雖然國共兩黨仍有戰略重疊，但中共此時更著重於以自身力量來對付台獨，而且比較不在意其作為對國民黨可能的影響，否則不會在選前三個多月還搶台灣兩個邦交國。

至於民進黨，中共認為其中固然有鐵桿台獨，但也有彈性台獨，但基本上台獨的屬性不變。民進黨在野時獨的色彩濃厚，不過執政後比較自制，不論陳水扁或蔡英文皆然。中國大陸基本上認為民進黨是一個無法信任的政黨，其立場是看條件而變化[41]。民進黨執政後，有幾個指標可以看出中共對民進黨完全沒有互信可言：（一）蔡英文一直想要建立溝通管道，但一直苦於找不到鑰匙。（二）中共認為蔡英文的講話是未完成的答案卷。（三）中共認為民進黨是在搞「漸進台獨」與「去中國化」。（四）中共全面壓縮台灣的國際空間。（五）共軍機艦繞台走向常態化。個人認為，在民進黨沒有做出具有突破性與正式性的表述前，基本上民共兩黨之間就難有交集可言。

蔡英文高票贏得連任之後，在接受BBC專訪時表示，「中國需要準備好面對現實……局勢已經改變了，模糊已經無法再奏效了」，正如其語詞上都是「中國」與「台灣」相對應，「兩國論」的意涵躍然紙上，而且還強硬指出，「對中國來說，侵略台灣或試圖侵略台灣將付出很大的代價。」可以預見，蔡英文第二任任期的兩岸關係只會更緊張，不會更緩和。

至於台灣社會，中國大陸早就透過各種方法蒐集情報，尤其是在馬英九執政期間，不僅中國對台官員全台走透透，各部會與地方人士也常深入基層，對台灣社會情況有相當了解。在中國大陸看來，台灣的民主體制其實也是一個控制閥，只要台灣社會有反對台獨的基礎，中國大陸就有比較大的操作空間。除此之外，在中國大陸看來，真正讓台灣戒慎恐懼的是戰爭的威脅，這也是不少人反對台獨的原因，因此中國大陸不僅不會撤飛彈，更不會放棄武力統一這個控制閥。

中國大陸一向認為，經濟利益是決定兩岸關係走向的關鍵因素之一，兩岸經濟整合也是統一的前置條件。二〇一四年太陽花運動時，雖然有不少人質疑經貿交流的效果，但中國大陸並未動搖，習近平在十九大政治報告中依然強調，「願意率先同台灣同胞分享大陸發展的機遇……我們將擴大兩岸經濟文化交流合作，實現互利互惠，逐步為台灣同胞在大陸學習、創業、就業、生活，提供與大陸同胞同等的待遇」，二〇一八年二月二十八日的「對台三十一項措施」，以及二〇一九年十一月四日的「二十六條措施」都反映了此一認知。

兩岸關係新局面的誕生

最後要提的是，在中國大陸的認知中台灣已快成甕中之鱉，只要美國的因素一旦消除，他就可以隨時伸手取鱉，問題只在成本與時機的可量而已。二〇二〇總統大選蔡英文固然大勝，但在中國大陸看來大局並未改變，因為有這樣的認知，中國大陸面對民進黨時，更不願在立場上有所退讓。

美國對台灣戰略利益認知的改變，會影響其是否棄台的決定；中國大陸對台灣政治生態的認知與對美國干預台海的認知，會影響其對台作為；台灣對中國大陸的認知，也足以帶動兩岸關係的新局面。認知與思維的決定性作用和戰略性意義，是台灣面對中國大陸時最操之在我，也最應思考的課題之一。

過去的依靠是現在的風險。台灣把戰略三角視為理所當然，結果失去了自立自強的心志，也失去了面對真相的勇氣。不論是美國對中國大陸的認知或中國大陸對美國的認知，他們都有相對應的政策工具。美國認為中國大陸是其霸權的威脅，於是採取一系列措施，甚至於發動貿易戰，也對其科技業出重手。中國大陸認為美國想搞和平演變，而且實力在下降之中，於是積極急起直追，尤其是在軍事現代化上。無論如何，中國大陸展現了頂住美國狂風暴雨的氣魄，在對台政策上，出手也比以往更狠更有決心。至於台灣，執政者的認知嚴重偏離事實，只生活在一廂情願的自我想像世界中，這是台灣真正的風險。台灣民眾也因為陷在統獨的框架中，視野受限，也看不到困境的出路。困局不是死局，台灣只要認知改變，就有可能走出困局，並開創兩岸新局。

注釋：

1 廣義的維持現狀，包括「永遠維持現狀」、「先維持現狀再獨立」及「先維持現狀再統一」。

2 在政治大學「二〇一七國家安全調查」中有一題問到，「如果台灣自行宣布獨立，請問您認為大陸會不會攻打台灣？」回答一定不會和不會的達到百分之四十四，回答一定會和會的有百分之四十一點三。

3 蘇起，〈台灣的美國想像〉，聯合新聞網，二〇一七年十月一日，https://udn.com/news/story/7339/2732822。

4 例如布希準備對伊拉克發動戰爭，我外交部隨之發表荒謬的言論，又例如美國限制華為，台灣也立即跟進。

5 調查資料引自政治大學「二〇一七國家安全調查」。

6 黃國樑，〈台灣安全必須靠自己？美官員：台灣募兵錯誤　應恢復徵兵〉，聯合新聞網，二〇一七年七月三日，https://udn.com/news/story/10930/2560076。

7 Minnick, Wendell, "How to save Taiwan from itself", *The National Interest*, March 19, 2019.

8 Galston, William A., "The Populist Challenge to Liberal Democracy", *Jouranl of Democracy*, Vol. 29, No. 2, 2018, p. 13.

9 Ibid.

10 風傳媒綜合報導，〈「黃煌雄負面消息多」二二八家屬：相信總統睿智，畢竟她還是我們自己人的總統〉，風傳媒，二〇一八年四月五日，http://www.storm.mg/article/420822。

11 葉素萍、游凱翔，〈蔡總統：中國蠻橫作為　我們不會再忍讓〉，中央社，二〇一八年五月二十四日，http://www.cna.com.tw/news/firstnews/201805240410-1.aspx。

12 林河名，〈專訪許信良：蔡習會處理兩岸根本問題　就是新模式〉，聯合新聞網，二〇一七年十月十七日，https://udn.com/news/story/6656/2763139。
綜合報導，〈回應19大報告　呂秀蓮：可能有蔡習會〉，《自由時報》，二〇一七年十月十九日，http://news.ltn.com.tw/news/politics/breakingnews/2226981。
周佑政，〈林中斌：七大因素讓「蔡習會」成為可能〉，《經濟日報》，二〇一七年十月十七日，https://money.udn.com/money/story/5641/2761265。

13 蔡素蓉，〈決策官員：張志軍從中作梗　兩岸沒進展〉，中央社，二〇一七年三月七日，http://www.cna.com.tw/news/firstnews/201703070488-1.aspx。

14 有關這個問題的詳細說明，請參閱附錄。事實上，崩潰論的預測從過去到現在一直都有，但沒有一個預言成真。雖然未來的情況難以預測，但中國大陸的政治體制也一直在摸索中改變，這是一種適應型的威權政體。

15 侯姿瑩、范正祥，〈總統：中國領導人理性　應不會對台動武〉，中央社，二〇一七年十二月二十九日，http://www.cna.com.tw/news/firstnews/201712290292-1.aspx。

16 Gries, Peter,Tao Wang, “Will China seize Taiwan: Wishful thinking in Beijing, Taipei and Washington could spell war in 2019”, *Foreign Affairs*, Feb. 15, 2019.

17 邀請函開頭第一段，就提及聯合國大會第2758號決議、世界衛生大會第25.1號決議以及

「一個中國原則」（One-China principle），並以Chinese Taipei稱呼我方。

18 戴秉國，《戰略對話：戴秉國回憶錄》，北京：人民出版社，二〇一六年三月。

19 馬紹章，〈眾彈齊發的兩岸新開局〉，遠見華人菁英論壇，二〇一九年一月七日，https://gvlf.gvm.com.tw/article_content_19690.html。

20 國防部，《2017國防報告書》，頁38。

21 "Obama Jabs at China as He Defends TPP Deal", *Straits Times*, October 11, 2015.http://www.straitstimes.com/world/americas/obama-jabs-at-china-as-he-defends-tpp-deal.

22 吉迪恩．拉赫曼（Gideon Rachman）著，洪世民譯，《東方化：中國印度將主導全球》，台北：時報出版，二〇一七年八月，頁102。

23 Christensen, Thomas J., *The China Challenge*, New York: W. W. Norton & Company, Inc., 2015.

24 白邦瑞（Michael Pillsbury）著，林添貴譯，《2049百年馬拉松：中國稱霸全球的祕密戰略》，台北：麥田出版社，二〇一五年九月，頁56。這樣的觀點完全忽略了交往戰略為中美兩國帶來的利益。

25 蕭洵，〈美國商務部長稱中國製造二〇二五計畫「可怕」〉，美國之音，二〇一八年四月二十五日，https://www.voacantonese.com/a/us-commerce-ross-china-20180425/4363961.html。

26 Schambaugh, David, *China's Future*, Malden: Polity, pp. 153-155.

27 Campbell, Kurt & Ely Ratner, "The China Reckoning", *Foreign Affairs*, March/April, 2018. https://www.foreignaffairs.com/articles/united-states/2018-02-13/china-reckoning.

28 National Security Strategy of the United States of America, December 2017, p.3.

29 Ibid., p. 25.

30 Ibid., p. 19.

31 Ibid., p. 38.

32 鄧小平，〈堅持社會主義，防止和平演變〉，一九八九年十一月二十三日，http://cpc.people.com.cn/GB/69112/69113/69684/69696/4950049.html。

33 可參考鄭永年，〈即將來臨的中美新冷戰〉，《新加坡聯合早報》，二〇一八年三月十三日，https://www.zaobao.com.sg/forum/expert/zheng-yong-nian/story20180313-842282。

34 習近平，《習近平談治國理政》，北京：外交出版社，二〇一四年十月，頁356-357。

35 國務院新聞辦公室，《中國的亞太安全合作政策白皮書》，二〇一七年一月十一日。

36〈習近平主持中共中央政治局第十九次集體學習並發表重要講話〉，中國共產黨新聞網，二〇一四年十二月七日，http://cpc.people.com.cn/n/2014/1207/c64094-26161930.html。

37 美國蘭德公司的報告即認為，新型大國關係的前提之一即是美國在戰略上的讓步。

Heath, Timothy R., Kristen Gunness, Cortez A. Cooper, PLA and China's Rejuvenation, Rand Corporation, 2016, p. 10.

38 即使是被歸為鷹派的閻學通，在其《未來十年》一書中也只認為，未來十年會形成中美兩強格局，而不是中國超越美國，也認為中國大陸有此認知，參考前揭蘭德公司報告，頁11。

39 可參閱戴秉國，《戰略對話》，北京：人民出版社，二〇一六年三月，第三章。

40 對中國大陸來說，只有台灣，沒有中華民國。一旦承認中華民國，那這個招牌在中國大陸就完全沒有禁忌，對其政權正當性將造成極大的衝擊。

41 有關民共之間的互信問題，請參考馬紹章，《走兩岸鋼索》，台北：遠見天下文化，二〇一六年六月，頁138-142。

第四章
美中台戰略三角崩潰的模式與條件

美中台戰略三角必然崩潰，台獨建國是絕路，但台灣未必沒有活路。台灣只有在認清台獨是一條絕路後，才有可能找到最佳活路。美中台崩潰的趨勢已形成且難以逆轉，但崩潰的模式不同，條件也不相同，台灣要尋找的是對自己最有利的模式。從過去兩岸歷史來看，台灣在退縮與對抗中已失去不少機會與時間，而這兩者是台灣最寶貴的東西。

我再重申一次，美中台戰略三角崩潰是指三角存在的條件已不具足，並不代表立即統一。從崩潰到統一的過程有不同路徑、不同結果，這也是台灣應思考的戰略重點之一，但這不在本書範圍之中。

崩潰的五種模式

戰略三角的崩潰是三角各方互動的結果，其可能模式有五：

抽身模式（Exit Model）：美國出走

抽身模式，代表美國從戰略三角中抽身而退，也可以說是美國出走。談到美國出走，最先讓人聯想到的是尼克森總統訪問中國大陸，但那是為了改善美中關係而把對台關係當籌碼交易，算是背叛，但並非出走，因為戰略三角的前提仍存在。對多數台灣人來說，尼克森背叛了台灣，但從戰略三角穩定的觀點來看，此後反而更為穩定，對台灣不見得不利[1]。在尼克森時代，美國與中共改善關係主要目的是為了對抗蘇聯，但台灣仍具有地緣戰略價值，美國並不希望戰略三角崩潰。中國大陸因為美國的一中政策，基本上框住了台灣，不必擔憂台灣走向獨立，而且可以集中力量在經濟發展上。至於台灣，因為美國的轉向與後來中國大陸的改革開放，形勢上反而不得不採取有益於三角穩定的策略，包括開放探親、協商交流等一系列措施。

抽身（exit）是美國才有的選項，中國大陸是不願抽身，台灣則是不能抽身。美國出走，說白了就是「棄台論」。美中台戰略三角能維持，美國堅持一中政策以及和平解決是關鍵，而美國堅持的程度又視其對戰略利益的認知而定。從這個角度看，如果出現以下幾個條件，美國不無可能改變戰略思維而選擇抽身的策略：

（一）台灣對美國的地緣戰略價值大幅降低。當美國發現已不可能遏止中國大陸的崛起與成長，也不可能遏止其武力侵台，更不可能阻止其進出西太平洋時，台灣對美國的戰略價值即歸零。

（二）美中在三角外部合作的戰略利益，遠大於其在三角內部的戰略利益，或者說雙方找到更大的共同戰略利益。自川普吹響中美貿易戰號角後，兩國關係日漸緊張，衝突程度不斷升高。中國大陸的快速發展及其非民主體制已使其成為美國的首要敵人，再加上長期以來唯我獨尊的心態，美國對中國大陸的崛起感到恐懼。這是崛起大國和現存大國進入戰略對抗初期必經階段，亦即雙方會展現意志以迫使對方屈服。但美中關係的特徵很難在歷史上找到類似案例。艾利森教授（Granham Allison）在其著作中舉了十七個例子，除了是崛起強權與既存強權兩大特徵外，其他地方與美中之間並無太多可類比之處[2]。換言之，從這些例子恐怕很難斷言美中關係的未來走向。

第二章已言及美中衝突的升級有其限制，雙方或許會對抗一段時間，但遲早會為彼此找到一個共同的下台階。由此可知，一旦美中認知彼此之間在三角外部有更大的共同戰略利益，而且達成某種共識，美國即可能從戰略三角中出走。

（三）中國大陸已具備拒止美國介入台海軍事衝突的軍事能力，美國將難以干預，且干預成本太高。從整體軍事力量來看，中國大陸仍距美國有一大段距離，軍費比不上，航空母艦比不了，這一點中國大陸很清楚。對中國大陸來說，其軍事實力的短中期戰略目標並不在全面超越美國，而且它也無意與美國進行全球性軍事競賽，因此其重點在於拒止美國干涉的能力。中國大陸近年來一直在東海及南海展現海空軍事力量，這主要是給美國看的。這是一種重點式的軍事強化，美國也承認目前中國大陸在這方面的能力已大幅增強。

雖然「棄台論」不是美國主流，但棄台論的興起與美中實力消長有絕對關聯。有關棄台論的主張都是從美國利益出發，基本前提是隨著中國大陸實力的成長，取得台灣是遲早的事，而台灣又不值得美國與中國發生軍事衝突，與其到時候被迫棄台，不如在可以討價還價時棄台。美國的出走，可能表現為以下形式：

（一）美中達到某種共識，美國逐步縮小或放棄對台灣的承諾，包括減少或降低對台灣的軍售，修改或廢止《台灣關係法》，調整一中政策表述等等[3]。這樣的共識對當前台灣的心理衝擊，恐更甚於中美斷交之時，因為被同一個國家背叛兩次，其心死矣，但台灣的政治人物從來不就此進行打算。當然，此一共識也讓中共有機會可以向台灣施加更大壓力，以接受和平統一安排。美國當初放棄越南，就是認知到越戰是一個大泥淖，也是一場不可能打贏的戰爭，如果不及早抽身，恐怕收場時會更加難看，因此其戰略思維轉變，但為保面子，美國就利用四方（美國、北越、南越、越南南方民族解放陣線）召開「關於越南問題的巴黎會議」，於一九七三年一月二十七日簽署「關於在越南結束戰爭、恢復和平的協定」，駐越美軍全部撤出南越，僅留下如海軍陸戰隊使館衛兵等小規模的部隊，其結果就是任由南越自生自滅。當北越再度攻擊南越時，美國就一副袖手旁觀，事不關己的樣子。二〇一九年十月美國從敘利亞撤軍，棄協助美國打擊伊斯蘭國（ISIS）的庫德族人於不顧，結果土耳其立即入侵敘國北部，而川普的理由竟是庫德族人在二戰時沒有幫忙美國[4]。兩岸雖然沒有戰爭，但兩岸實力懸殊，美國如果認為兩岸統一趨勢不可避免，不願最後被捲入衝突，而美中之間的戰略利益又遠大於支持台灣的戰略利益時，「抽身」是最符合美國利益的選項，至於理由，恐怕到時會讓台灣人跌破眼鏡[5]。

（二）推動台灣走向「芬蘭化」（Finlandization）。這是季禮（Bruce Gilley）從美國角度在二〇一〇年時提出來的主張，他認為：「台灣的芬蘭化不應該只視之為對中國崛起的必要犧牲，而是安撫中國的另一個替代策略。」芬蘭化簡單地說，亦即台灣透過建設性的讓步（constructive concessions）為台灣自身及美國換取更大的安全保障[6]。具體而言，就是台灣採取中立政策，不與他國結盟，不提供他國作為基地使用，不威脅中國大陸的安全，自我克制對中國大陸的批判，藉以換取內部自主與安全，以及更大的國際空間。冷戰時期的芬蘭策略是否適用於今天的台灣？從歷史來看，蘇聯對於芬蘭並沒有主權的主張，只有安全上的考量，但中國大陸對台灣有強烈的主權主張，從這個角度來看，台灣的芬蘭化只能是一個過渡階段，台灣仍必須接受兩岸同屬一中的原則，但中國大陸也必須完全放棄武力犯台。對美國來說，這樣的安排可以減少美中因台灣而爆發衝突的可能性，也可以保台灣一段時間的安全。以當前環境來看，此一形式唯有美國可能啟動，並說服雙方接受，並走向以下第二種模式（政治協議模式）。與前一種形式比較，美國在芬蘭化中是更積極主動為兩岸尋求所謂的中程過渡安排。

圓桌模式（Round Table Model）：兩岸簽署政治協議

圓桌模式是指兩岸經過政治談判，簽署政治協議。兩岸政治協議也有不同內涵，寬鬆不一，例如張亞中的「兩岸和平發展基礎協定」、李登輝及馬英九提出的和平協議等等[7]。和平協議是兩岸協議的一種，雖然兩岸皆曾提議，但雙方各懷鬼胎。中國大陸是想藉此開啟政治談判大門，台灣則是以內部選舉考量居多，言者既非真心，也無力推動。李登輝任總統時曾提到和平協議，馬英九主政時也有推動簽署兩岸和平協議的構想，中國大陸也表態支持。這類和平協議的主要目的是終止兩岸敵對狀態，但即使是和平協議，也難以避免政治定位的相關問題，只是雙方都只有口頭上說說，並沒有進入協商階段。馬英九心中所想儘管是比較寬鬆的協議，但以當時的政治環境最後也只能作罷。

同樣是和平協議，隨著戰略三角各方情勢的演變，其意義與內容也會隨之改變。個人認為李登輝時期若簽署和平協議，台灣可以得到更大發展空間，美國的角色固然會弱化，但戰略三角還不致於崩潰。現在兩岸要談和平協議，台灣的迴旋空間比較小，而且美國的角色必然大幅弱化，乃至於接近戰略三角崩潰邊緣。

以當前情勢來看，名稱是否為和平協議已不重要，因為兩岸政治協議的內涵主要在確定四件大事：（一）**定位**：兩岸同屬一中的共識。（二）**目標**：未來追求和平統一。（三）**承諾**：中國大陸放棄武力統一的選項。（四）**保證**：確保台灣的政經體制與生活方式。至於具體的內容，主要包括彼此關係的定位、台灣對外關係的處理原則、台灣的軍事採購限制等等[8]。有關台灣能有多大的自主性，與協商的時機、美國的意向等有關，至於統一的條件與進程並不一定在協議中規定或安排，端看後續協商而定。此類政治協議化解了主權的衝突，台灣的對外自主性也降低，因此可以說是三角崩潰。當然，此一協議並不代表兩岸立即統一，卻可讓中國大陸專注於其他國內外事務，也提供台灣發展的時間、機會與安全保證。兩岸達成協議的時機、條件以及內涵的寬鬆程度，基本上還是看雙方手上的籌碼以及對協議的需要而定；當然，中國大陸提供的條件是否有足夠吸引力，也有助於此一模式的出現。

鄧小平時代提出的「葉九條」，其實就是政治協議模式，它的內涵就是「一國兩制」，但葉九條是黨對黨模式，時至今日已不適用[9]。中國大陸對台政策有三個支柱：一中原則、和平統一、一國兩制，其中一國兩制台灣目前無法接受，但其他兩個原則事實上與《中華民國憲法》並無矛盾。換言之，台灣可以在一中原則與和平統一的基礎上與中國大陸進行政治協議談判，尋求統一前的最佳過渡方案，為台灣爭取最大的空間與最長的時間。

習近平在告台灣同胞書四十週年紀念會上的講話，提出「探索『兩制』台灣方案，豐富和平統一實踐」，倡議「在堅持『九二共識』、反對『台獨』的共同政治基礎上，兩岸各政黨、各界分別推舉代表性人士，就兩岸關係和民族未來開展廣泛深入的民主協商，就推動兩岸關係和平發展達成制度性安排。」換言之，習近平已準備從民間層次啟動政治協商模式，先從探討開始，然後逐步推進。

政治協議模式是對兩岸最有利的模式，也是最值得兩岸共同追求的模式。對台灣來說，進入政治協議模式的前置階段可維持一段時間（如同馬英九執政時期），在這一段時間中戰略三角仍存在，台灣可以跳脫統獨泥淖，利用這一段時間提升自身價值，創造自己在談判中的籌碼。對中國大陸來說，只要雙方進入政治協議的前置階段，台灣問題的戰略急迫性即降低，可以集中力量處理其他內外部問題。但這個前置階段的前提是兩岸必須有共識，不論是「九二共識」或其他名稱，其最寬鬆的內涵必然是兩岸同屬一中與反台獨，這不僅是兩岸共識而已，也必須是台灣內部的共識，不會因政黨輪替而有變化，否則也不會有意義。

此一模式最大的困難不在於兩岸有共識，而在於台灣內部有共識，除非台灣內部對於一中與統一有共識，否則根本不可能展開政治協議模式。台灣共識的困難，從客觀環境來講，只要戰略三角沒崩潰，只要尚有喘息的機會，反對者就不會放棄那一絲幻想。從主觀意願來講，民進黨已經和台獨形成共生聯結，切斷此一聯結無異於政治自殺。

蟒蛇模式（Anaconda Model）：逐步窒息

蟒蛇模式是借用美國學者葛來儀的話，顧名思議，是指中國對台灣採取封鎖擠壓戰略，讓台灣逐步窒息，也可以稱為「窒息模式」[10]。抽身模式，要看美國的意願；圓桌模式，要看台灣內部的共識，因此蟒蛇模式成了中國大陸不能不採取的選項。

進一步說，蟒蛇模式是指兩岸在互不信任的狀況下，形成相互對抗的向下螺旋，進而導致除了軍事以外的多面向對抗（可稱之為「超軍事對抗」，因為軍事仍為依靠），直至弱勢一方表示屈服為止。當然，屈服也未必是立即統一，但弱勢一方已無籌碼可言，只是苟延殘喘而已。此一模式與圓桌模式的差異在於：（一）台灣的主動性高低不同，此模式是城下之盟。（二）崩潰的時程長短，尤其中國大陸促統力道漸強，此模式需時可能較短，換言之，台灣所能獲得的發展時間較少。（三）台灣所能獲得的條件鬆緊，在此模式下顯然較為緊縮，畢竟這是一杯「罰酒」。（四）雙方付出的代價，在此模式下兩岸皆需支付較高成本。在此模式下，美國仍可對台表示支持，但已可看出其能夠著力之處相當有限，而且也會擔心被捲進其中。

蟒蛇模式是兩岸關係的現在進行式。中國大陸不斷挖角我邦交國，阻撓或矮化台灣參加國際組織及活動，甚至要求外國企業網站不得將台灣列為國家。民進黨政府想要推動新南向的構想雖好，但因為兩岸關係不佳，也是事倍功半，說不定還是徒勞無功。軍事上，中共已有機艦繞台常態化的走向，這些都是在陳水扁執政時未見之現象。

至於經濟，中國大陸可用的手段更多，包括減少或中斷陸客來台、大量挖角台灣人才、利用市場吸引及壓制台灣產業、利用外資進入台灣市場、中止ECFA等。中國大陸發展高科技產業，以高價挖角台灣的技術人才，已是眾人皆知。現在台灣還具有競爭力的企業，隨著中國大陸產業的崛起，已面臨相當威脅，而未來產業上，例如人工智慧方面，台灣則已落後於中國大陸[11]。現在美中進行貿易戰，台灣更可能成為無辜受害者。不少在中國大陸的台商都是以外銷為主，根據二〇一六年中國對美國出口企業百強榜，其中台資企業就占了三十八家，而且大多數是大企業，其影響不可小覷。此外，美中在貿易戰下彼此關係愈形緊張，而台灣經濟與兩者關係密切，一旦台灣選邊站（事實上已選邊站），屆時美國能幫助台灣的有限，但中國大陸卻傷害台灣有餘。

台北市長柯文哲二〇一六年二月接受媒體專訪時，談到陸客不來對台灣的影響，他認為台灣應先想其他因應之策，但又脫口而出：「如果真的活不下去，再下跪投降啦[12]！」這雖是刺耳的聲音，卻是此一模式的最佳寫照。

烽火模式（Conflagration Model）：武力統一

烽火模式，是指中國大陸以武力統一台灣。中國大陸在什麼樣的情況下會進行武統？中國大陸《反分裂國家法》第八條規定：「『台獨』分裂勢力以任何名義、任何方式造成台灣從中國分裂出去的事實，或者發生將會導致台灣從中國分裂出去的重大事變，或者和平統一的可能性完全喪失，國家得採取非和平方式及其他必要措施，捍衛國家主權和領土完整。儘管如此，兩岸軍事衝突本來就是戰略三角各方長期以來都想避免的情況，發生機率不大，但不代表不會發生。

美國從一開始就不想捲入兩岸軍事衝突，因此處處限制台灣（尤其是在軍事方面），更表明不會支持台獨；對中國大陸來說，武統代價太高；對台灣來說，難以承受。以台灣現在的政治體制，法理獨立不是一個容易的過程，但即使是宣布要推動統獨公投或啟動正名制憲工程，都會給予中方動武藉口，甚至中方想不動武都不行，否則就真的是一隻紙老虎。

台灣受制於美國，也了解現實限制，即使民進黨完全執政，也不敢跨過紅線。蔡英文的「維持現狀」是向美國的承諾，美國也才放心支持她擔任總統，這也說明台獨是幻想。因此，兩岸因為台灣宣布獨立而發生軍事衝突的機率不高。

此外，隨著中共綜合實力的增強，可以使用的工具愈來愈多，成本也比軍事衝突低，更重要的是，武力統一還牽涉到後續統治的成本問題，因此中國大陸以武力實現統一的機率也不高。雖說機率不高，但仍不能避免有意外而導致軍事衝突的可能性，尤其在兩岸關係緊張對抗之時，任何擦槍走火都可能演變成一發不可收拾的局面。

修昔底德模式（Thucydides Model）：中美軍事衝突

希臘史學家修昔底德曾如此描述雅典與斯巴達之間的戰爭：「使戰爭不可避免的原因，是雅典勢力的增長，與其所造成斯巴達的恐懼。」這一句話，只要把雅典換成中國大陸，斯巴達換成美國，所描述的即是近年來全球關切的問題之一，這也是攻勢現實主義論者的基本看法。美中修昔底德陷阱本來只是攻勢現實主義的論點，現在卻似有朝這個陷阱發展的趨勢。修昔底德陷阱一旦成真，戰略三角亦隨之崩潰，而且兩強爭鬥，台灣必然被波及。不過，歷史事件往往因時空條件變易，未必會重演。如前所述，今日國際情勢既不同於古希臘，也不同於二戰之前，更不同於冷戰時期，實在很難讓人想像兩國會共同走向修昔底德陷阱。從這個觀點來看，美中之間儘管已走向戰略競爭趨勢，但雙方最後妥協的機率仍遠大於修昔底德陷阱。不過，邏輯上這仍然是戰略三角崩潰的可能模式之一。

五種崩潰模式的條件

戰略三角的崩潰，也可從三角各方的角度來說明。美國的對台戰略向來是以其國家利益為主要考量，杜魯門如此，尼克森亦不遑多讓，現在的川普儘管看似「非典型」政治人物，但他的「美國優先」也是國家利益的邏輯。美國從過去到現在之所以堅持和平解決台海爭議，除了看重台灣的地緣戰略價值，更因為這攸關美國在西太平洋地區的領導地位問題，但最終美國也不想被捲進台海衝突之中。然而，從川普就職之後，西太平洋地區國家對美國的信任已有微妙轉變，菲律賓表現得最為明顯[13]。即使是日本，在美國退出《跨太平洋夥伴協定》（TPP）

之後，也致力於改善與中國大陸的關係。[14] 此一現象反而讓台灣在亞太地區更難獲得實質支持。

儘管美國警覺到中國的強勁崛起，美中之間戰略競爭的態勢愈來愈明顯，但美國與中國的經濟關係也是剪不斷理還亂，相互需要的程度愈來愈高，而且實力消長變化明顯。美國或許認為，現在是阻撓中國崛起的最後時機，但它終將發現時機不對，手段不適，而且對抗的結果是兩敗俱傷，與其不斷升級貿易戰，不如找尋雙方都可接受的妥協。貿易戰進行至今反覆不斷，川普及其團隊顯然認為，美國現在還可以掐住中國大陸的脖子，這一點從他們對付中興與華為的手段可以證明。中國電子產業的確相當大程度依賴美國的關鍵零組件及軟體服務，但美國也不會因貿易戰而得利，自己本身也會受到傷害，因為美中之間的供應鏈生態不是一夕之間可以改變的。除此之外，美國現在是獨力與中國大陸進行貿易戰，並沒有得到亞太及歐盟國家支持，美國甚至於也和這些國家因為「美國第一」而有貿易糾紛。

一開始美國或許還有信心，但現在也應該沒把握了。老實說，這是歷史進程中的一個關鍵點。美國認為這是壓制中國的最後時刻，中國認為這是「退即死，忍則生」的時刻，雙方在此時刻必然交鋒，必然受傷，最後也必然反省，必然握手。對中國大陸來說，貿易戰進行至今可謂退一步粉身碎骨，美國如果把目標設定得太高，只會加深雙方的傷害，卻無法逼使中國讓步，最後雙方還是得讓步，除非雙方準備進入真正的敵對狀態。

最終，雙方累了，對彼此關係有更深切的認識，誰也離不開誰，美國依舊是老大，中國大陸卻也不是一切俯首的老二。雙方最終達成共識，傅立民形容得最傳神，未來雙方是「選擇性接觸，選擇性競爭，選擇性對抗[15]」。在這個過程中，台灣很可能從美國的「棋子」變成「棄子」，棄子有助於雙方達成新共識，也就是「伴手禮」。當「抽身」更符合美國的安全與經濟利益時，「抽身」似乎是國家利益下的必然的選擇，只是時間早晚的問題而已。

其次，從中國大陸的角度來看，其最終目標是兩岸統一，雖然習近平說兩岸問題不能一代傳一代，但仍需考量成本效益，也就是戰略三角崩潰的時機與模式問題。當三角穩定有助於整體國家利益時，中國大陸支持三角穩定；當中國大陸的實力仍無法處理美國對台政策時，也不會輕易推倒戰略三角。對中國大陸來說，對其最有利的三角崩潰方式，就是美國抽身模式，其次則是圓桌模式，再次之則是城下之盟的蟒蛇模式，最後才是武力模式。但不論那一種模式，都必須以經濟、軍事與形勢實力為基礎[16]。

為了加速美國抽身，中國大陸也必須同時加大對台灣的壓制，層層限縮，讓美國最後在無力回天的情況下選擇出走。換句話說，中國大陸是用鉗子策略對付台灣，一支鉗子從美國著手，一支鉗子從台灣著手，以獲得對其最有利的崩潰模式與時機。

從台灣的角度來看，由於實力不對稱，在戰略三角中是一個相對被動的角色，只能算是配角，悲觀地說，台灣根本沒有能力扭轉戰略三角最終的崩潰。台灣能做、而且應該做的，只有利用對自己最有利的模式，增加自身戰略價值，既有延長戰略三角的作用，也可在戰略三角崩潰後維護自身最大可能的利益。台灣能讓戰略三角穩定的基礎是一中立場（《中華民國憲法》）與不獨，一旦這兩個基礎出現客觀變化或中國大陸主觀認為有變化，就會危及戰略三角的穩定及其存續時間。

崩潰模式發生的機率有多高？

在美中台戰略三角中，戰略三角的持續時間愈長，對台灣愈有利，但台灣卻是在這個三角中，唯一對戰略利益詮釋出現擺盪的一角。中國大陸不用說，長期以來即主張統一，認為台灣是中國的一部分，不曾有過改變。美國雖然是民主政體，共和黨與民主黨對國家利益的詮釋也相當一致；與中國改善關係的是共和黨尼克森，與中國建交的是民主黨卡特，最近這幾任總統也是異口同聲地強調「一法三公報」。最弔詭的是台灣，國民黨與民進黨對台灣的戰略利益，在認知與主張上南轅北轍，反而是戰略三角最不穩定的一個因素。

以上五種模式發生的機會，決定於以下四項因素：

（一）**互信程度以及信任機制**：互信，主要是指彼此相信對方不會採取損壞自己戰略利益的行為，也代表雙方對於彼此關係有高度共識。當然，信任是一種主觀判斷，其建立需要雙方透過行動來驗證。至於信任機制，是比較廣泛的概念，並不限於軍事，主要是指雙方是否有建立機制來處理彼此間的衝突，以更確實了解彼此意圖，並降低猜疑。當雙方缺乏信任時，容易從負面角度來詮釋對方的行為，日積月累之下猜疑更深，向下螺旋終將難以挽回。

（二）**實力差距**：主要是指綜合實力，但軍事實力是核心，尤其是美中之間的差距。戰略三角彼此具有利益衝突，實力差距可以說是戰略三角穩定與崩潰最具關鍵性的因素。實力有以下作用：以強制方式遂行己方主張、可以嚇阻三角中其他方採取不利於己的行動、可以嚇阻三角外部的力量介入、可以限制或縮小他方的選擇空間。

（三）**對風險及成本的認知**：任何行動都有其風險與成本，當行動者認為其具有足夠的風險與成本承受能力，就比較有可能採取某一行動，反之則會猶豫。例如一九九六年台海危機，美方派兩艘航空母艦到台灣海峽巡航，中國大陸之所以未升高其行動，即是認知到採取行動有其難以承受的風險。美國對中國大陸採取貿易戰，也是認為它無法承受經濟成長衰退的痛苦與代價。

（四）**戰略利益變化**：戰略三角並非單獨存在，任何一方既有其三角的內部利益，也有其外部利益，當外部與內部利益的大小或重要性有本質性變化時，也會影響到其在戰略三角內的行動選擇。

以下將從戰略三角崩潰的五種情況來說明這四個條件的影響，其關係如表 4.1 所示。

模式一：抽身模式

在什麼條件下會出現美國抽身模式？在互信程度方面，美中互信程度愈高，代表雙方都不認為對方會採取傷害己方重大利益的行動，這可以說是美國抽身的前提條件。互信程度愈低，美國愈不願意放棄台灣這個可以用的棋子。

從歐巴馬到川普，美國的對中政策已轉趨強硬，尤其是川普，其國安團隊多屬強硬派，甚至對中國大陸發起貿易戰。雖然中國大陸向美國提出建構新型大國關係的建議，美國並不買單。然而，正如第二章所述，中美關係正面臨重大調整期，雙方走向修昔底德陷阱的可能性非常小，一旦中美之間對未來兩國關係達成一個框架性共識，美國即可能棄台灣出走。換言之，儘管中美之間似乎競爭激烈，雙方遲早都會達成如何管理競爭的共識，建立戰略互信，此時台灣可能是美國最有價值的投名狀。

在實力差距方面，攻勢現實主義論者認為美中軍事衝突難以避免，但前面已提及，時空不同、各種條件也不同，美中最終仍會以管理來取代對抗，尤其當美國已認知到無法阻擋中國大陸的崛起，也沒有承受衝突風險的能力時。換言之，雙方實力差距縮小而最終又朝向管理與合作的方向發展。美中實力接近，展現在

表4.1　戰略三角崩潰模式與條件

因素／模式	互信程度	實力差距
抽身模式	美中互信程度高，雙方對未來兩國關係達成某種共識。	一、美中實力接近。 二、中國大陸具備「反介入／區域拒止」能力。 三、中國大陸已實質突破第一島鏈。
圓桌模式	一、兩岸具有一中為基礎的政治互信，如九二共識。 二、台灣內部對主權主張已有共識，且願意與中國大陸談判。 三、美國支持。	一、美中實力接近。 二、中國大陸具備「反介入／區域拒止」能力。 三、台灣對中國大陸依賴日深。
蟒蛇模式	兩岸無互信，無機制。	一、美中實力接近或逆轉，兩岸實力差距擴大。 二、中國大陸具備「反介入／區域拒止」能力。
烽火模式	一、兩岸無互信，無機制。 二、中國大陸認為台灣踩了紅線。 三、中國大陸認為美國支持台獨。	一、美中實力接近或逆轉，兩岸實力差距擴大。 二、中國大陸具備「反介入／區域拒止」能力。
修昔底德模式	美中互信大幅降低，機制破壞。	中國大陸實力趨近美國並且讓美國感受安全上的威脅。

風險承受認知	對美國而言，最大的風險在於其亞太的領導地位，為可承受範圍之時。	主要風險在台灣，包括內部政治風險及中共背信風險。台灣認為已具有承擔風險的能力。	一、這是中國大陸最保險的模式，尤其實力愈強時愈是如此。 二、對台灣而言，就像一場豪賭，不是中共崩潰，就是台灣投降。	一、中國大陸領導人判斷可接受衝突的可能風險。 二、中方判斷美方無能且不會介入。	啟動衝突一方認為具備足夠風險承受能力或可在第一擊擊垮對方。
戰略利益變化	一、台灣對美國戰略價值降低 二、美國認為與中國大陸合作的利益遠大於三角內部利益。	一、台灣對美國戰略價值降低。 二、美國認為與中國大陸合作的利益遠大於三角內部利益。			美國認為只有擊垮中國大陸才能維持其霸權的地位。

西太洋上的具體象徵，就是中國大陸實質上已經突破第一島鏈，這代表台灣對美國的地緣戰略價值降低。美國維持戰略三角是因為台灣具有地緣戰略價值，這個價值愈低，美國維持的意願也會隨之降低。過去這幾年，中國大陸積極發展海上拒止能力，不論是在釣魚台或南海，中國大陸的表現愈來愈積極，軍機、軍艦繞台趨於頻繁，有常態化趨勢，用意即在實質突破第一島鏈對其限制，降低台灣對美國的戰略價值。

雖然美國常派遣軍艦從台灣海峽北上，有抗衡中國大陸機艦繞台的味道，也有支持台灣的宣示意義，但此舉已無法阻止中國大陸機艦繞台的常態化，對台灣的安慰意義遠大於對中共的威嚇。換言之，中共仍然會繼續按照其戰略節奏來推進其對台戰略。

從風險承受能力來看，在此一模式下，美國的主要風險就是其在亞太的領袖地位將受到嚴重傷害，也可以說美國實質上承認中國大陸在西太平洋至少與其平起平坐。然而對美國而言，失之東隅，收之桑榆，可從其他地方獲益，而且對美國本土的傷害不大，並非不可承受之風險。更值得注意的是，就像季禮所言，美國出走，台灣更可以扮演催化中國大陸民主化的作用，就像當年芬蘭的作用一樣。這是外交思維的轉變，對風險的看法也會隨之而變[17]。

從戰略利益變化來看，美國與中國大陸關係已可謂千絲萬縷，彼此之間雖然已呈現衝突高於合作之勢，但美國如發現已無法阻擋中國大陸的崛起，則追求合作仍是對美國利益最高的戰略選擇。如果中國大陸崛起發展之勢不變，維持與中國大陸合作的關係，也是美國維持其本身實力的重要條件。換言之，美中之間的外部利益遠遠大於彼此在戰略三角內的利益，此時，美國抽身可以說是很自然的選擇。

模式二：圓桌模式

這個模式的前提之一，是兩岸具有以一中為基礎的政治互信，亦即台灣如果不同意兩岸同屬一中，非國與國關係，就無法展開談判，這也是中國大陸稱之為一中原則的緣故——原則不是談判的標的，而是談判的前提。當然，這個模式並不容易，因為條件比較困難。

首先，兩岸之間必須具備相當的互信，這不只是國共兩黨或民共兩黨之間的互信，而是兩岸之間的互信。兩岸之間要建立簽署政治協議的互信，它的前提就是國民黨與民進黨兩大黨之間要有互信並且有共識，才有可能代表中華民國和中共談判。在可預見的將來，這個條件都很難實現。馬英九主政時，曾經想與中國大陸協商和平協議，在二〇一一年時一度想列為競選政見，最後也因為擔心影響選舉而作罷。

美中實力差距也會影響台灣上談判桌的意願。如果中美之間的實力仍有一段差距，美國的決心與力量仍足以遏阻中國大陸威逼台灣，台灣不會有意願與中國大陸進行政治談判。由此可知，假若美中實力差距縮小到一定程度，且中國大陸具備「反介入／區域拒止」能力時，對台灣的民心與政府會發生某種程度的影響。換言之，美中實力的差距縮小，甚至於逆轉，未必會讓台灣上談判桌，卻是兩岸政治談判的外在條件之一。

美國的態度是台灣進入政治談判的另一關鍵。美國雖然一直宣稱不會強迫台灣與中國大陸進行政治談判，然而當：（一）中美實力接近至某一程度；（二）美國認為其在三角外的利益遠遠大於三角內的利益；（三）美國又不想擔負出走的罵名，就有可能在適當時機暗示或鼓勵台灣與中國大陸進行政治對話。這是一種外交上的操作，但美國態度的轉變，必然會影響台灣進行政治談判的意願。據我個人了解，一九九八年的辜汪會晤，美國即在背後發揮了作用。

除美中實力差距之外，兩岸的實力關係也需列入考量。兩岸實力差距，不論軍事與經濟，都在擴大之中，但更重要的是，台灣經濟對中國大陸的依賴也是日益加深。民進黨在野時曾批評馬英九政府對中國過度依賴，但民進黨執政後的兩岸貿易依舊呈現成長趨勢。兩岸實力差距的擴大與依賴關係的加深，當然也會影響台灣上談判桌的意願，但基本上也是必要條件，而非充分條件。

兩岸簽署政治協議，台灣要承受的主要風險就是中國大陸是否會遵守協議，這也是提及兩岸和平協議時反對者的主要論點。這一點不僅與信任有關，也與台灣的風險承受能力有關，亦即台灣認為具有承受風險能力時，較有可能與中國大陸上談判桌[18]。

模式三：蟒蛇模式

這是一個兩岸關係向下螺旋的發展進程，最終走向城下之盟，在此一模式下，台灣討價還價的空間十分有限。

兩岸之間的互信是戰略三角穩定的重要關鍵。戰略三角的穩定應是台灣最佳的戰略選擇，弔詭的是，台灣是三角中最不穩定的一方。台灣維持戰略三角穩定的基礎之一是「一中立場」與「不獨」，不論是在兩蔣或馬英九時期，這個基礎都相當穩固，但民進黨對於主權問題有不同的看法，影響到民共之間互信的建立。

民進黨兩度執政，兩岸情勢都隨之趨向緊張。陳水扁的「三不一沒有」和蔡英文的「維持現狀」都不足以建立互信。陳水扁執政時，宣示「三不一沒有」，卻採內外夾攻之勢，在內建構台獨意識，在外更改一些象徵性符號，最後並推動《公投法》[19]。當時兩岸無互信、零互動，但國民黨仍為立法院最大黨，且有再執政之可能，中國大陸對國民黨再執政有所期待。蔡英文二〇一六年就職後雖然強調維持現狀，但否認九二共識，其他作為亦充滿矛盾，中國大陸稱之為去中國化、漸進台獨[20]，兩岸之間亦是無互信、零互動，但重要的是，此時已有所謂「天然獨」的說法，社會上支持統獨的比例消長更為明顯。除此之外，民進黨已是完全執政，國民黨的制衡力量不足，讓互信建立更形困難。在這種情勢下，中國大陸戰略上更拉高互信的基礎，由較模糊的「九二共識」走向清晰的「兩岸同屬一中」的內涵。

從美中實力消長來看，民進黨政府所面對的中國大陸已非當日吳下阿蒙。一九九六年飛彈危機時，美國總統柯林頓派兩艘航空母艦到台灣海峽，時隔二十年，中國大陸軍事實力雖仍難以超越美國，但海上拒止能力大增也是事實。今天，美國要派航空母艦到台灣海峽，恐怕也得三思。除此之外，中國大陸的綜合實力增強，可以動用的政策工具比以往多，包括經濟工具、外交工具等。從蔡英文就職至今，陸客大幅減少、自由行全面停止、台灣斷了七個邦交國、無法出席WHA、ICAO等，都可看出中國大陸對實力的運用。

即使從戰略三角的外部來看，中國大陸隨著崛起之勢，在國際上的份量日益增加，由歐洲各國積極參與一帶一路即可窺其端倪。換言之，台灣在戰略三角的外部支持與支援，也比以往更為困難。

中國大陸由於政策工具多，以及對戰略三角外部的控制力增強，採取的不是速戰速決策略，而是蟒蛇絞殺策略，前者需要更高的風險承受力，而後者的風險是分散、可控制的。以上幾點說明的是兩岸之間已形成了向下螺旋之勢，對台灣來說是非常值得警惕的發展。

模式四：烽火模式

長期以來，中國大陸始終不放棄武力統一的選項，因為中國大陸認為只要一放棄這個選項，就等於放棄統一目標；策略上，中國大陸把武統當成棍子，消極可以讓台灣不敢獨，積極則可威逼台灣就範，也就是蟒蛇模式。然而武統是否可能發生？可從以下幾項條件來分析。

兩岸軍事衝突的條件之一是三方皆無互信可言，尤其是兩岸之間。中國大陸擔心台灣已決心走向獨立不歸路，且得到美國支持；台灣認為中國大陸不會採取武力，不斷地暗中往台獨方向推進。美國不會主動挑起兩岸軍事衝突，因為不符合利益，過去美方扮演平衡者角色，重點在於其具有實力，也與中國大陸有互信，一旦信任失去，平衡者的角色就難發揮其功能了。就實際而言，兩岸之間目前的確缺乏互信，但中美之間的互信仍在，彼此仍有溝通，除非台灣主動踩了紅線，例如宣布統獨公投或推動制憲，否則尚不致於出現兩岸軍事衝突的情況。

就實力差距而言，如果台灣踩了紅線，那中國大陸就會動武，不論其與美國實力差距有多大。中國大陸如果要主動武統，前提之一就是中國大陸自認軍事實力已強大到美國無能也不願干預，但中美實力差距並非中國大陸考量武統的單一因素。

對中國大陸來說，武統手段必然會有四大影響：（一）影響其經濟發展的節奏與速度；（二）影響其政權的穩定；（三）影響其和平崛起的形象；（四）武統後如何治理台灣的問題與成本。歷史上最佳的武統時機是一九五〇年代，隨後的成本愈來愈高，因此武統是最後也是最差的手段。這些都涉及到風險承受能力，因此，除非中國大陸認為：不立即採取武力手段的後果更嚴重、沒有其他成本更低更有效的手段、可以在短時間內就達到目的，否則不會主動採取武統。

對台灣來說，挑釁中國大陸踩紅線的風險極高，美方也會極力制止，除非台灣判斷美方最後會不得已支持台灣或自認為可以承受風險，但這都是不太可能出現的情況。總而言之，兩岸發生烽火模式的機率並不高。

模式五：修昔底德模式

這是攻勢現實主義者的判斷，但也不大可能發生。從互信條件來看，中美之間數十年來已建立了近百溝通機制來處理雙方各層面的問題，近來更有所謂的戰略對話機制。儘管川普上台後曾有挑戰美國一中政策的企圖，影響中國對美的信任，但很快就作罷。中國在南海填海建機場及軍事設施，美國雖堅持自由航行的權利，但仍表現得相當克制。不過，自從川普上台後，視中國為戰略競爭者，並且發動貿易戰，由此可見，中美之間的互信確實是降低不少，也提高衝突升級的可能性。

實力差距縮小所帶來的恐懼，是攻勢現實主義者的主要論證。換言之，實力縮小不是重點，而在於對此一現象意義的認知。如果美國一心認定中國大陸要取而代之，並認為中國崛起將嚴重侵害其國家安全，的確就有可能陷入修昔底德陷阱。然而，如果美國認為：（一）中國崛起仍符合美國的利益，雙方合作反而可以增強彼此實力，換言之不是只有中國崛起，而是美國也在前進。（二）中國大陸儘管崛起，但基本上仍然在各種國際體制內運作，或許會增加美國的挑戰，但在體制內的中國大陸畢竟不致於有太脫軌的表現。（三）美國仍有能力與自信，在科技、金融及世界舞台上保持領先中國。有了這種認知，自然就避開修昔底德陷阱。雖然川普現在看起來好像要走進修昔底德陷阱，但進入這個陷阱之前還有一段時間，除非美國確定能將中國大陸壓下去，否則認知可能會改變。從這個角度來看，美國選擇從三角中抽身的可能性，大於雙方陷入修昔底德陷阱。

美中如果發生軍事衝突，由於雙方都是核武大國，皆具有第二擊能力，無論如何都是雙輸的局面，也是雙方難以承受的風險。自二戰之後，已無大國之間的戰爭，主要原因之一就是核武所具有的毀滅性力量。換言之，除非美國自認為可以一擊就完全毀滅中國大陸的反擊能力，而且只有擊垮中國大陸才能維持其霸權地位，否則不會發動核戰。除此之外，美國就算擊垮中國大陸，還有俄羅斯在旁虎視眈眈，這一三角外的戰略利益美國不能不考量。

美中台戰略三角必然崩潰，而崩潰只有五種模式，每個模式的條件都不同，對台灣的影響也不一樣。這五種模式中，抽身模式是中美戰略利益的較勁，決定權在美國；蟒蛇模式已是現在進行式，台灣的經濟與國際空間都受到擠壓，但民進黨政府卻是束手無策，只能預告，無能預防；烽火模式及修昔底德模式發生的機率都不高，而一旦發生，台灣都將淪為戰場；唯有圓桌模式，台灣有角色發揮的空間，但條件卻不容易。蟒蛇模式固然是現在進行式，但台灣要面對的不只是如何化解這個模式的壓力而已，而是必須了解與面對這五個模式，才能思考整體的應對戰略。

注釋：

1 美中建交之後，金門砲擊停止，和平統一成為中國大陸對台政策主軸之一。

2 Allison, Graham, *Destined for War: Can America and China Escape Thucydides's Trap?*, New York: Houghton Mifflin Harcourt, 2017.

3 美國過去是「認知（acknowledges）海峽兩岸的中國人都認為只有一個中國，台灣是中國的一部分，對這一立場不提出異議（not to challenge）。」但美國如果從認知轉而為支持一中原則，並且公開承認台灣是中國的領土（例如共同發表第四公報），或者是對這一點不表示異議，無異否定台灣具有主權國家地位，自然也沒有權利干涉中國內部的事務。

4 〈背棄盟友撤軍遭砲轟　川普：庫德族沒幫忙打二戰〉，中央社，二〇一九年十月十日，https://www.cna.com.tw/news/aopl/201910100060.aspx。

5 台灣對於遏止中國大陸崛起的戰略價值有多大？這是一個很根本的問題，美國如何看待這個問題，相當程度影響其對台政策。

6 Gilley, Bruce, "Not So Dire Straits", *Foreign Affairs*, January/February 2010 Issue. 嚴震生於一九九五年即從台灣的角度提出這樣的分析，但這種主張在美國仍支持台灣之時，對台灣並沒有說服力。見嚴震生，〈芬蘭化的歷史經驗與兩岸關係發展之比較〉，《問題與研究》，一九九五。

7 張亞中，《兩岸統合與和平發展》；張亞中主編，《兩岸政治定位探索》，台北：兩岸統合學會，二〇一〇年六月，頁51-52。

8 在中國大陸《反分裂國家法》中也明確指出，兩岸可協商的事項：（一）正式結束兩岸敵對狀態；（二）發展兩岸關係的規劃；（三）和平統一的步驟和安排；（四）台灣當局的政治地位；（五）台灣地區在國際上與其地位相適應的活動空間；（六）與實現和平統一有關的其他任何問題。

9 「葉九條」是指葉劍英在一九八一年十月一日提出，名稱為「有關和平統一台灣的九條方針政策」。

10〈葛來儀：蔡總統連任不會挑起軍事衝突〉，中央社，二〇一九年九月六日，https://www.cna.com.tw/news/firstnews/201909060035.aspx。

11 李開復臉書二〇一七年五月二十一日有關台灣在人工智慧領域發展的意見。

12 邱文秀，〈陸客不來怎麼辦？柯P：活不下去再下跪投降〉，中時電子報，二〇一六年二月五日，https://www.chinatimes.com/realtimenews/20160205003297-260401?chdtv。

13 Harris, Gardiner，〈擔憂美國「撤退」，東盟國家轉變對華策略〉，紐約時報中文網，二〇一七年八月七日，https://cn.nytimes.com/asia-pacific/20170807/asean-rex-tillerson-north-korea-sanctions/zh-hant/dual/。

14〈安倍宣示：全面提升對中國關係　開創日中新時代〉，中國廣播公司，二〇一九年十月九日，http://www.bcc.com.tw/newsView.3661894。

15〈美前助理國防部長：中美進入選擇性「接觸＋競爭」時代〉，北京新浪網，二〇一九年五月八日，https://news.sina.com.tw/article/20190508/31207146.html。

16 可參閱馬紹章，《走兩岸鋼索》，台北：遠見天下文化，二〇一六年六月，頁320-337。

17 Gilley, Bruce, "Not So Dire Straits", *Foreign Affairs*, January/February 2010 Issue.

18 可參考馬紹章，〈和平協議能保證和平嗎？〉，遠見華人菁英論壇，二〇一九年三月二十一日，https://gvlf.gvm.com.tw/article.html?id=60363。

19 有關陳水扁執政時內外夾攻的策略，請參考馬紹章，《走兩岸鋼索》，頁110-119。

20 杜宗熹，〈劉結一：台當局縱容去中國化、漸進台獨　干擾兩岸交流〉，聯合新聞網，二〇一八年四月十六日，https://udn.com/news/story/7331/3089343。

第五章 台灣的戰略選擇——走出困局

人有命格，影響一個人的命運，國也有命格，影響一個國家的未來。「命格」聽起來有神祕之感，但其實就是空間與時間所設定的先天條件；順其道而行，事半功倍，逆其道而行，往往自找麻煩，徒勞無功。要探討台灣的前途與戰略之前，先要了解台灣的命格。

台灣的命格：地緣政治、地緣經濟與歷史糾葛

從空間上來說，地緣戰略位置使台灣成為兵家必爭之地，曾經想要雄踞亞洲的日本覬覦，企圖圍堵中國大陸的美國也想掌控，當然，想要走出西太平洋的中國大陸更想統一，尤其在海權時代更是如此。對中國大陸來說，控制台灣等於扼住台灣海峽咽喉，掌握東進太平洋的基地，換言之，從國家安全及發展戰略來看，中國大陸不可能會放棄台灣，而台灣又如何能夠離開中國大陸？這就是台灣的命格之一。

除了地緣政治之外，地緣經濟是台灣的另一個命格。台灣與中國大陸距離如此之近，但經濟規模差距又如此之大，而一個發展中的大經濟體正是磁吸力最強的時候，台灣也沒有脫離的條件。自從開放兩岸經濟交流後，各項數據皆顯示，台灣到中國大陸的投資與兩岸貿易額不斷成長，現在也有愈來愈多年輕人到中國大陸就業。改革開放等於開啟經濟磁場，日漸強大的磁場就注定台灣經濟離不開

中國大陸。簡單說，台灣經濟對中國大陸的高度倚賴，是經濟邏輯的自然結果，不是政治力量可以阻擋的。

中國大陸已經是全球第二大經濟體，可說是重量級角色，尤其是龐大的市場，連全球各大企業都趨之若鶩，何況台灣？除一些以本地市場為主的在地企業外，台灣企業有什麼條件可以放棄中國大陸市場？除非它的產品獨一無二，否則切斷中國大陸市場無異是自斷競爭力，少了中國大陸市場，市場份額愈來愈小，營收無法和進入中國大陸市場的他國企業相較，能投入的研發費用也難以增加，最後結果如果不是收攤，就是別人吃肉你喝湯而已。

時間是一個更多元的向度，它蘊涵兩岸人民千絲萬縷的血緣、文化、與歷史記憶。台灣為什麼會牽扯到中華民族偉大復興，時間向度提供了很好的答案。從十九世紀末開始，被列強侵凌的歷史記憶，就一直刻在中國人的心中，且不論中華民族偉大復興的內涵為何，至少追求尊嚴與富強的目標始終未變。滿清割台曾經是中華歷史中屈辱的一頁，更何況統一意識在中國人的歷史意識中如此強烈（因為統一象徵了太平與強大），再加上中共長期的宣傳與教育，兩岸統一已成歷史命令。然而，台灣從割讓給日本後，經歷五十年殖民化過程，後來又因為國共之爭，漸漸出現台獨意識。台灣的民主化讓台灣民眾難以接受中共的治理模式，因此對統一充滿疑慮與抗拒。這是一國兩制在台灣沒有市場的原因。台灣民眾對統一的疑懼碰上中國大陸統一的歷史命令，也注定台灣必須在這個歷史糾葛中尋找一個出口，但這個出口不是台獨，而是要站在中華新文明的高地上建構中華民族的未來。

總而言之，不論從地緣空間與歷史時間向度來看，台灣都沒有脫離中國大陸而獨立的可能性，這是台灣先天的命格。所謂命裡有時終須有，命裡無時莫強求，台灣強求獨立，只會讓自己受傷更重而已。台灣要思考的是，如何在這個命格下創造自己的機會與輝煌。

賴清德擔任行政院長首度到立法院報告施政方針備詢時，丟出一顆震撼彈，他先自稱「我是主張台灣獨立的政治工作者，不管擔任哪個職務都不會改變」，又補充自己是「務實的台獨主義者」，而且「我們已是主權獨立國家，不需另行宣布獨立」。賴清德是第一位在國會殿堂公開主張台獨的閣揆，然而，他的表態是一種弔詭。如果他真的是一位務實的台獨主義者，他不會說出來，如果他說出來，他就不是一位務實的台獨主義者。

「務實台獨主義者」和「我們已是主權獨立國家，不需另行宣布獨立」的說法也是一種矛盾。「務實台獨主義者」是一種戰略與戰術兼具的陳述，因為台獨是最終目標（戰略），但還沒有達成，而且困難重重，所以要務實（戰術）。然而「我們已是主權獨立國家，不需另行宣布獨立」則代表目標已經達成，兩者豈不是矛盾？

這種包裝過的矛盾話術，其實就是騙術。台獨本來是反國民黨政權的產物，後來又變成反中國統一的口號，它的本質是一種情緒性的投射與出口，所以至今看不到任何戰略性與戰術性的台獨論述，更別提意識型態這種高度了。這個世界根本沒有「務實台獨」這回事，用「務實」來包裝台獨，更說明台獨是既沒有策略，也沒有路徑圖的騙局。

台灣的定位：一把鹽、一件精品、一條價值鏈

命格是先天條件，但台灣還有後天修為，修為就是在命格基礎上找到最佳定位，做出最適選擇，創造最佳未來。台灣的後天修為有兩個主要優勢，一是民主自由的軟實力，一是累積的經濟實力，但也有一個劣勢，就是內部分裂，無法團結。台灣的定位，就是要讓這兩個優勢力量得以發揮。台獨的定位違背命格，當然命運多舛，而且不會成功。個人認為，台灣的命格既然離不開中國大陸，那就應該給自己三個定位：一把鹽、一件精品、一條價值鏈。

先談一把鹽。海水非常鹹，但含鹽量只有千分之三十五，或百分之三強，換言之，只需要百分之三強的鹽就可以把淡水變成鹹水。中國大陸很大，就像一盆淡水，台灣就像一把鹽，量雖然少，卻可以把淡水變鹹。其實，只要到中國大

陸去，尤其是台商多的城市，多多少少都可以看到台灣的影響。尤其現在是網路時代，資訊傳播速度非常快，一點點鹽就可以很快發揮力量。馬政府八年執政期間，中國大陸人士來台，身上或多或少都會沾上一點台灣鹽帶回去。歷史上，不知有多少小國滅後，就了無痕跡，如西夏國，其原因就在於本身沒有鹽的力量。文化與生活方式的力量是不容我們低估的，台灣要對自己的文化與生活方式有信心，因為這是台灣的自信。這個優勢要發揮必須透過交流，不斷擴大、深化交流，影響就會愈廣愈深，也就是說，要讓淡水接觸到鹽，否則淡水永遠只是淡水。

身在台灣的我們首先要自問，真正在乎的什麼？想保有的是什麼？如果是想要建立自己的國家，那是違背命格，就要有以命交換的準備。但如果最在乎的是保有自己的制度以及生活方式，那就得思考台獨這條路是否和我們的目標背道而馳？台灣要保有自己的制度和生活方式，就需要爭取更長的時間與更多機會，一把鹽的定位才是正確選擇。以兩岸來說，如果能將統一的進程與中國大陸民主化的進程同步推進，不也是鹽的作用嗎？將自己定位為鹽，台灣就有很大的戰略空間，將自己定位為油，與水不相容，或將自己定位為一把槍、一門砲，反而讓自己身陷困境。

一把鹽的定位還不夠，台灣還需要將自己定位為一件精品。什麼精品？那就是生活方式、社會正義與政經制度，都讓人羨慕嚮往的境界，或者說台灣要站在華人地區文明的最高點、最前線。台灣融合了中華文化與歐美日文化，而且是華人世界真正落實民主的地方，但台灣離精品境界還有一段距離。以民主來說，這本該是台灣最值得傲人的成就，卻因為兩岸問題而被扭曲，甚至被民進黨用防衛機制概念藉口關到鐵籠之中。台灣的獨立機關，包括大法官會議、監察院、中選會、通訊傳播委員會等，都變成行政部門的應聲蟲。民主的看門狗，變成了政黨的看門狗，台灣的民主化走到這個地步，真是令人唏噓。台灣人可能看不清，民主的墮落恰好正是兩岸危機的一部分。

中國大陸遊客來台灣，都盛讚台灣保留了中華文化美好的一部分，老實說，這是日積月累之功，但民進黨的去中國化，等於是去掉自己的優勢，也難以感動對岸民眾。民進黨可以不喜歡共產黨，但不必遷怒於中華文化與中國大陸人民，爭取中國大陸民心對台灣的支持，才是最根本的自保之道。中研院院士余英時二〇一九年十一月二十二日在一場演講中曾提及，台灣在基本實現民主和科學基本後，新的時代也要面對新的問題。台灣的民主在形式上成器，但運作上還沒到十全十美，需要更多精神價值的支撐，就是人文修養，讓民主、科學深植人心，作為人們最重要的生活方式[1]。雖然余英時強調的是面對中共威脅時需要人文修養，但更重要的是，只有人文修養的提升才是台灣這一把鹽的「鹹度指標」。台灣一旦成為中華精品，中國大陸人民心嚮往之，又怎麼捨得打破呢！

一把鹽和一件精品的定位還不夠，台灣還需要把自己抬得更高一點，將自己定位在世界經濟價值鏈中的關鍵點上。台灣不能只是中華精品，對世界來說，台灣還必須具有關鍵價值。要得到國際的支持不能靠金錢收買，也不能只賣弄民主，而是要讓世界認知到台灣在世界經濟中具有關鍵價值，所謂關鍵價值就是難以取代的意思，它可以是地緣，可以是技術，可以是零組件。從地緣來講，政治的地緣是台灣本身難以改變的，但經濟的地緣則不一樣。經濟的地緣是指台灣在世界人流、物流、金流、資訊流中的角色，一九九〇年代的亞太營運中心計畫就是創造台灣經濟地緣的宏大構想，只可惜因戒急用忍而胎死腹中。台灣電子業曾在全球經濟體系的供應鏈占有重要的一席之地，這也是一種經濟地緣價值。在技術上，台灣也應該鼓勵創新，以更多有利的專利為台灣在世界經濟舞台上取得關鍵價值。此外，台灣有很多隱形第一，也有不少關鍵零組件的廠商，大立光就是大家熟知的例子。除此之外，像台灣精密機械業者積極開拓航太維修領域，航空器維修產值自二〇一四年以來連年成長，平均年增率達二位數，已經連續第五年創下歷史新高，深獲國際廠商青睞。再以小小的螺絲螺帽產品來說，我國業者近年朝向「高值化」發展，航太、汽車及醫療應用領域不僅在全球供應市場占有一席之地，也因此帶動單價與產值提升[2]。這樣的技術與廠商愈多，這個世界就愈需要台灣；這個世界愈需要台灣，中國大陸就會有更多的顧忌。

台灣的選擇權（一）：九二共識

台灣的命格是先天限制，定位則是對後天修為的發揮，接下來要談的就是台灣的選擇。任何當下的選擇都會影響到未來，台灣想要什麼樣的未來，就必須審慎當下的決定。以下我嘗試從選擇權的觀念，來說明台灣命格中可以選擇的未來。

選擇權的概念一般用在金融或企業決策上，主要是針對未來市場的判斷所做的一種交易或決策。未來是不確定的，企業有時會採避險的方法以減少損失，有時則是利用選擇權，讓自己未來有更多選擇空間。不論是避險或選擇權都不是免費的，企業都必須支付一定代價。簡單來說，選擇權就是現在支付一定的代價，以換取未來更多選擇的機會。台灣在思考兩岸問題時，卻很少從選擇權角度來思考。

為便於讀者了解，我先用企業的決策來說明選擇權。有一家企業，手上剛好有一筆資金可以運用，在廠房的旁邊剛好還有一大片空地，如果此時不買，未來如果業務成長快需要擴廠時，可能就買不到。此時企業決定將廠房買下來，其實就是買下一個未來可以擴廠的選擇權。當然，未來業務未必成長，地價也可能下跌。我們可以用圖5.1來表示未來可能的情況。

象限A是未來業務成長且地價上升，這是最佳情況，企業雙向獲利，不僅可以擴增廠房，還賺了地價增值。象限B是業務長成，但地價下跌，此時企業擴廠後的獲利可以抵消地價的損失。象限C是業務衰退，但地價上升，此時企業仍可決定繼續保留土地以因應未來，或者出售地價以獲利。象限D是業務衰退且地價下跌，這是雙向損失，也是最糟的情況，但企業也仍可選擇出售與繼續保留土地。關鍵是企業如果當下不做買地的決定，未來就沒有選擇的空間。

從兩岸角度來看，還是脫離不了美中台的三角關係，對台灣來說，所謂的選擇權必然牽涉到美國與中國大陸的政策[3]。此時此刻，台灣最重要的選擇權是九二共識，而未來影響台灣最大的則是美國的對台戰略思維——究竟是保台還是棄台。圖5.2的橫軸是九二共識，縱軸是美國未來對台政策，也有四個象限。象限A是台灣承認九二共識且美國繼續保台政策；象限B是台灣拒絕九二共識而美國仍繼

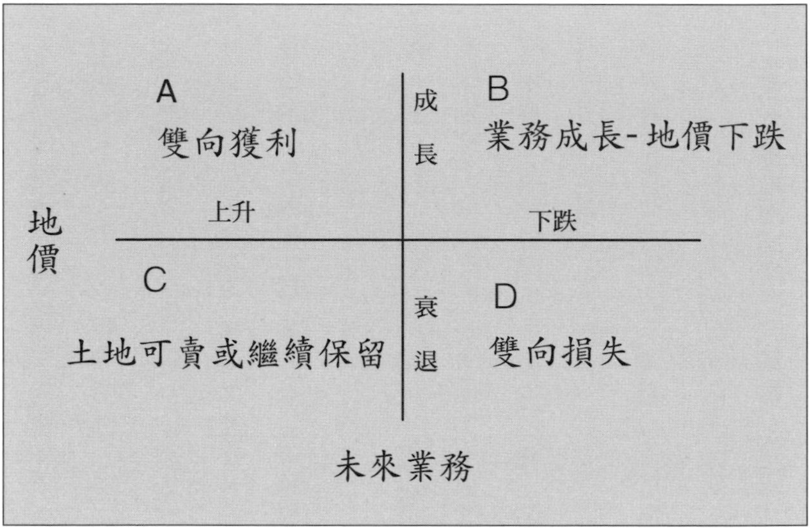

圖5.1　企業選擇權

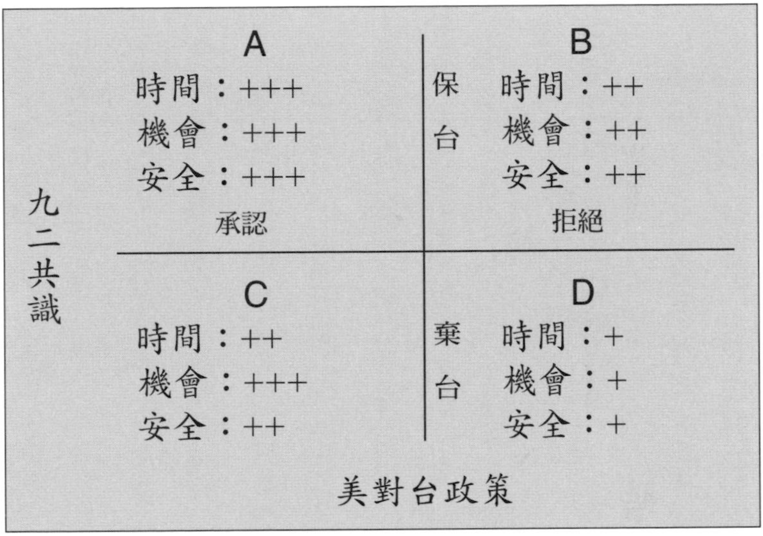

圖5.2 台灣選擇權

續保台政策；象限C是台灣承認九二共識，但美國改為棄台政策；象限D則是台灣拒絕九二共識，且美國改為棄台政策。

未來美國的對台政策不外是保台與棄台兩個大選項。保台這個選項下，曾經有過共同防禦條約這種堅強關係，當前美國反對以武力解決兩岸問題的政策也是保台，其決心至少讓中國大陸不敢挑戰，但強度與冷戰時期不能相提並論。在棄台這個大選項下，美國可能大幅限制對台軍售、反對台灣獨立、接受一中原則、敦促台灣與中國大陸進行談判，這些都算是棄台。簡單說，就是台灣失去美國軍事上的承諾與支持。

台灣要將「三個價值」納入戰略考量

企業價值可單純以利益來表示，但對台灣而言，最值得關切的有三個價值：時間、機會與安全。時間是指台灣能夠維持多久的兩岸分治狀態，或者能維持多久現在的生活方式，時間愈長對台灣愈有利。機會則是指台灣經濟發展的機會多寡與國際活動空間大小，同樣的，機會也是愈多愈好。最後則是安全，是指台灣是否可能面臨軍事上的衝突。本文就是從台灣進行選擇之後，未來美國對台政策變化下，來看台灣這三個價值所受到的影響。每一項價值的多寡以加號（＋）來表示，最多為三個，最少為一個，雖不是精確的量化，卻可作為比較之用。

選擇權是有代價的，圖5.1的企業必須支付購買土地的錢，而圖5.2的台灣如果承認九二共識，支付的代價就是接受兩岸同屬一中，並且放棄台獨選項。這個代價對台獨支持者來說當然不值，但馬英九執政時期，台灣也在九二共識之下經歷了八年的兩岸互動。此一代價的高低是情感認同的問題，無法理性探討，但時間、機會和安全這三者是可以比較的，或許可提供另一個思考的空間。

象限A是承認九二共識，且美國仍繼續其保台政策，在此一象限中，時間、機會和安全的加號都是三個。就時間言，中國大陸比較沒有統一的急迫感，也沒有反台獨的壓迫感，且美國仍繼續保台，台灣可獲得最長時間。就機會言，兩岸關係和緩，交流與合作不僅限制少，台灣可以參與更多國際貿易協議，也可避免在中美之間選邊站的風險。就安全言，中國大陸既無統一急迫感，又有美國保台，台灣的安全也是四個象限中最高者。

在承認九二共識情況下，如果美國未來從保台轉為棄台（即象限C），時間、機會與安全三個價值全部都降低，與象限A比，加號皆為兩個。就時間言，中國大陸雖沒有統一的急迫感與反台獨的壓迫感，但美國棄台必然會對台灣產生心理效應，此外，中國大陸也可加快兩岸之間的融合速度，就時間言，加號比象限A少一個。就機會言，由於兩岸之間有九二共識，發展機會並不會因為美國政策改為棄台而有明顯變化。至於安全，儘管美國棄台，中國大陸仍沒有對台動武的必要，但台灣的安全防衛力量難免受到影響，與美國保台時仍有所不同，也是比象限A少一個加號。

在拒絕九二共識的情況下，美國如果仍繼續保台政策（象限B），由於兩岸關係緊張，中國大陸在台灣週邊的軍事活動日增，安全頂多為兩個加號。至於機會，已減為一個加號，主要是中國大陸必然會採取壓制性手段，這也是民進黨二〇一六年執政後的情況，而且只會愈來愈強烈。即使台灣想突圍，在國際現實下，也是有心無力。最後，台灣能維持所謂現狀的時間，也會隨之縮短，只剩兩個加號。

四個象限中以象限D最差，亦即台灣拒絕九二共識的情況下，美國未來政策從保台改為棄台。在此一象限中台灣的時間、機會與安全的加號都只有一個，因為既沒有美國的靠山支持，而中國大陸又採壓制性政策。

在以上四個象限中，從象限B與象限C的比較也可以看出，兩者在時間和安全這兩項都是兩個加號，象限B的機會雖然也是兩個加號，但象限C則是三個加號。換言之，承認九二共識的最壞情況仍比拒絕九二共識的最佳情況，對台灣更有利。

選擇權的意義在於，現在支付一定代價以取得未來有更大或更多的選擇空間。在中共和平統一的大政方針之下，對台灣而言，時間與機會才是台灣未來選擇空間大小的關鍵。

台灣的未來，美國的政策固然重要，但台灣本身的實力也不容我們輕忽，這是我們面對中國大陸時唯一掌握在自己手中的籌碼。個人認為，台灣實力愈強，談判的籌碼愈多，但壯大實力，需要機會與時間，而且要懂得利用機會與時間，讓其發揮最大效用。這才是政府的戰略思考應該著力之處。

除此之外，時間本身就蘊涵了選擇的機會。舉例來說，有甲乙兩個重症病人，現在有兩種藥，一種較貴，可以延長較長的生命，另一種較便宜，延長生命的時間較短。甲選擇了服用較貴的藥，乙選擇了便宜的藥。一年後，乙死亡了，但新藥在一年半後出來，甲就有了選擇的機會使用新藥。未來是難以預料的，中國大陸本身、美國政策、兩岸關係等都有可能發生變化，台灣只有能撐到有利的情況下，才能有更多更好的選擇機會。

台灣的選擇權（二）：統獨選擇轉化為治理選擇

統獨問題在台灣已糾葛數十年而無解，不願統又不能獨，幾十年在原地打轉，拖住國家發展，也拖住民主未來。台灣如果再繼續陷在統獨的糾葛中，那是和自己的命格對著幹，不會有好結果。

從兩岸角度來看，目前是以主權之爭為主軸，主權之爭是零和遊戲，一方贏必是另一方輸，而主權問題與民族主義之間形成一種聯結，使主權之爭成為更棘手難解的問題。台灣必須跳出這個泥沼，首先要做的選擇就是接受九二共識與否，接著就是把統獨的選擇化為治理的選擇。為什麼要將統獨選擇化為治理選擇，戰略理由如下：

（一）治理選擇讓中共失去以武力追求統一的藉口或正當性，同時也可以逆轉兩岸關係的向下螺旋。固然兩岸發生軍事衝突的機率不高，但統獨造成的對立已經與民族主義情緒悄然掛勾，尤其中國大陸對台灣愈不信任，給台灣的壓力就會愈大，台灣的活動空間就會愈小，這就是民進黨二〇一六年執政後的兩岸情勢。兩岸緊張的源頭在於統獨的對立，只要台灣不獨，中國大陸不僅沒有動武的藉口與正當性，反而要面對台灣作為一個民主政體存在的事實。

（二）治理選擇不是零和遊戲。民主政體的型式有許多種，雙方可以彼此學習，彼此修正，最終也可以透過實驗與溝通的方式來形成共識。陳長文先生所說的「一國良制」應該也是這個意思。這個「良制」不必全是台灣元素，也不必排斥中國大陸元素，而應是雙方人民皆認可的良制。

（三）治理選擇是台灣的優勢。台灣是全世界華人地區唯一徹底實施民主政治的政府，對中國大陸民眾而言具有相當的吸引力。從戰略角度來看，把主權問題轉化為治理問題，等於是把中國大陸民眾當成對話與爭取支持的對象。當然，台灣的民主並不完美，也碰到許多問題，但無可諱言，這是台灣的優勢。如何保持這個優勢，才是台灣應該注意的問題。

（四）治理選擇也符合中國大陸的戰略需要。自改革開放以來，政治體制的改革一直是個敏感卻又不能不面對的議題，雖然學界對中國大陸的體制有各種不同說法，但無可諱言，中國大陸仍處於摸索、研究的階段。台灣提供了一個治理選擇的空間，不僅有益於中國大陸治理制度的發展，而且也給中共改善治理制度的壓力。更重要的是，治理是中國大陸內部現階段最重大的議題，尤其是在發生香港反送中運動之後。習近平在十九大的政治報告，其實是在詮釋他自己心中的中國模式，這個模式的核心就是治理問題，而香港反送中之後的形勢，更突顯這個問題的重要性，同時也是面對未來兩岸的核心關鍵議題之一。從這個角度切入，或許可為兩岸三地找到一個共通的議題與語言。

一旦將統獨選擇轉化為治理選擇，台灣本身也有壓力來提升民主的品質，換言之，台灣必須證明自己的制度是良制，才能產生戰略效果。毫無疑問，民主政治是台灣的價值，但這個價值正在減損當中。事實上，如果台灣在兩岸關係上不做此一轉化，也不可能做到民主品質的提升，因為台灣民主化是一個被統獨情緒扭曲的過程，極易走向民粹。只有脫去統獨的雜質，台灣民眾才有機會重新認識民主本來的面貌與價值。在這樣一個自我提升的過程中，台灣才能向中國大陸民眾展現優質民主是如何可能，如何可貴，如何值得嚮往與追求。

台灣的選擇權（三）：那種崩潰模式最有利？

現在的兩岸關係與馬英九執政時期相較，已產生很大變化，蔡英文所說的「維持現狀」只是自欺欺人的說辭而已。未來的台灣總統必須要用更長遠的眼光來看待兩岸關係，選擇九二共識固然可以立即緩和兩岸關係，但台灣遲早還是要面對崩潰模式的選擇，亦即在美中台戰略三角必然崩潰的條件下，台灣必須探討三方對五種模式的偏好，更應思考的是那一種模式對自己最有利，並以此作為台灣主要政黨之間的共識。對台灣來說，找出一個三方都能接受的最有利模式，這個交集或許對台灣最好的。

表5.1是美中台三方對崩潰五模式的偏好，偏好的高低是依據利益、成本與風險三者來排列。讀者應該已經發現，對美國和中國大陸來說，兩者偏好是一致的，台灣則以圓桌模式為最佳偏好，美國出走（抽身模式）為第二，至於蟒蛇模式則是三方的第三偏好。然而事實的發展並沒有朝第一和第二模式發展，反而走向蟒蛇模式，理由何在？

首先，這些模式在過程上並不互斥，換言之，過程中可以數種模式並進，但結果只能有一種模式。其次，對中國大陸來說，蟒蛇模式具有保險的意義，它的過程也具有促成前兩種模式結果的效用，因此中國在民進黨二〇一六年執政後採取蟒蛇模式，是理性的選擇。

第三，對美國來說，台灣問題只是其大戰略下的一環而已，當前的美國在

表5.1　美中台三方對五模式的偏好（依利益、成本、風險來排列）

	抽身模式	圓桌模式	蟒蛇模式	烽火模式	修昔底德陷阱
美國	一	二	三	四	五
中國大陸	一	二	三	四	五
台灣	二	一	三	五	四

戰略上是要制衡中國大陸崛起，彼此之間的競爭性質強於合作，此時的台灣具有相當的籌碼價值，更何況台灣本身也緊抱美國不放。換言之，美國還不到抽身時刻。更重要的是，美國在三角中擁有最大的自主空間，何時要抽身或何時鼓勵台灣追求圓桌模式，美國皆可在其認為有利的時機來做決定。台灣要思考的是，是否要把自己的命運交到美國手上，讓美國來做決定？

第四，在三角必然崩潰的前提下，圓桌模式是台灣最佳的選擇，也是台灣可以主動的選擇。可惜因為內部的結構性困境，對於圓桌模式的態度，民進黨不願，國民黨不敢，更何況美中正處於戰略競爭時期，台灣還可以有喘息空間。兩黨的態度使台灣失去更多自主性，只剩下依賴美國的選項。對台灣來說，這個模式的困難點在於它必須在美國抽身之前啟動，但在此之前，台灣總還抱著美國會繼續支持的希望或幻想，因此台灣內部要形成共識就很困難。換言之，最好的選擇卻是條件最難的選擇。除此之外，要特別強調的是，這個模式的前提是台灣必須先有接受九二共識的選擇。或者說，有了九二共識，台灣才有圓桌模式這個選項。

最後，對中國大陸來說，李登輝及馬英九執政時期曾經期待兩岸能走圓桌模式，但當時台灣的內部條件不具足，最能操之在己的是蟒蛇模式。換言之，在抽身模式與圓桌模式條件不具備的情況下，偏好排第三的蟒蛇模式反而成為優先選項。這也是民進黨在二〇一六年全面執政並拒絕九二共識後，中國大陸採取的模式。面對此一現象台灣要思考的是，這個模式到了某個關鍵點之後，很可能就進入無法逆轉的階段，屆時台灣想要轉為圓桌模式也不可得。

台灣的三靠：美國、團結、實力

在美中台戰略三角中，台灣不僅得以存續至今，也曾經有過輝煌歲月，台灣究竟靠的是什麼？從過去歷史來看，台灣有「三靠」（見表5.2），一靠是戰略三角的結構性保障，也就是美國的撐腰，另外兩靠是台灣自身的團結和實力。過去的威權時期台灣雖然沒有民主，但團結的程度絕對不是今日可以比擬。至於實力，李登輝執

表5.2　台灣的「三靠」

	結構性保障	團結	實力
過去	向美國一面倒	威權政體	硬實力
現在	避險	民主+中華民國	硬實力+軟實力+聯結實力

政時代是最好的見證，那時的台灣還是四小龍之首，整體實力仍足以與中國大陸較量。但這三靠隨著時間變化皆已產生質變，現在的台灣依然需要這三靠，但需要不同的戰略眼光，否則三靠無一可靠。政府如果不了解這些變化，那未來兩岸關係就真的是有如瞎子上刀山、入火海。

戰略三角的結構性保障，關鍵點在於美中實力的差距。過去美中實力有相當差距，美國甚至可以協防台灣，即使美國和中國大陸關係正常化之後，雷根的「六項保證」依然發揮相當作用，中國大陸面對此一局面，大多數時候也只能隱忍，頂多口頭發發牢騷。一九九六年中國大陸對台灣試射飛彈，美國派出兩艘航空母艦到台灣海峽，中國也莫可奈何。理論上，當美國實力遠超過中國大陸時，台灣向美國一邊倒是理性的選擇，一旦兩強實力差距日漸縮小形成趨勢後，最小的一方理性上應該採取避險策略才是，但蔡英文政府反而更向美國一邊倒。

美國《紐約時報》資深記者紀思道（Nicholas Kristof）二〇一九年九月四日寫了一篇報導，標題是〈這是與中國開戰可能的序幕：首先，台灣的燈火熄滅〉，其中有一句話說到：「沒有什麼比一個心懷好意的美國人更危險了[4]。」美國學者任雪麗（Shelley Rigger）二〇一九年五月在一篇文章中就寫得比較直白一點，她認為：「台灣成為美國對付中國的武器，對台灣一點好處都沒有[5]。」這兩句話其實是異曲同工。換句話說，當美中實力大幅縮小而台灣又向美國一面倒時，美國的支持對台灣反而是危險的，而且美中的衝突如果發展到軍事層面，戰場會是在台灣，對台灣來說這是最難以承受的悲劇。

自蔡英文執政後，中國大陸就開始蟒蛇模式，美國對台灣的支持卻顯得有心無力，以二〇一九年九月與我國斷交的索羅門群島和吉里巴斯為例，美、澳兩國皆表態反對，但天要下雨，娘要嫁人，終究改變不了現實。

台灣過去相當程度依靠美國撐腰，但隨著美中實力接近，台灣固然仍應與美國保持良好關係，但更該思考自己是否要把命運全寄託在美國身上？台灣應該要避險，而避險之道就是要避免全面依靠美國，與中國大陸搞對抗，除此之外，台灣如果沒有一定的自信，即使想避險恐怕也是心有餘而力不足。

沒有團結，就沒有下一代的未來

台灣最終只能依靠自己，這是台灣民眾必須有的心理認知。首要之務就是團結。一個團結的台灣是我們面對中國大陸最基本的條件，雖說團結在台灣是何其奢侈，甚至何其渺茫，但並非不可能，因為我們曾經有過團結的歲月。過去的團結是在威權政體下的團結（藍式團結），但民進黨卻想複製這樣的團結（綠式團結），這真是歷史的諷刺。在當前的環境下，過去的團結已不可能再現，台灣需要尋找新的團結基礎，而民進黨想要複製團結的努力，也搞錯了方向，注定失敗的結局。

民主化後的台灣，新的團結只有兩個基礎：民主與中華民國，缺一不可。團結需要互信，唯有民主與中華民國可以提供互信基礎，只可惜，兩者在台灣皆殘缺不全。先談民主，從形式來講台灣是民主政體，但台灣缺乏民主的素養與內涵，因此當民進黨違背民主原則時，民眾仍不自知，因為他們不認為自己的民主受到傷害。民主，已失去了團結台灣人的機會。

再論中華民國。根據《遠見》雜誌二〇一八年十二月發布的民調，對於「中華民國」是我們國家的稱呼，認同度高達百分之八十四點七，僅百分之十一點四不認同；對於「青天白日滿地紅」的國旗，有百分之八十七點一的受訪者認同這面國旗代表國家，僅百分之九點三不認同。此外，有百分之六十七點七的受訪者願意在公共場所拿國旗，百分之六十七點五願意使用國旗標誌的用品，百分之五十六點五願意穿戴有國旗標誌的衣服或帽子，百分之四十一願意把國旗號誌畫在臉上或貼在車上。這些數據令人心慰，「中華民國」是超越藍綠的政治符號，也是當前唯一能團結所有台灣民眾的認同與符號。

歷任總統都要求中共正視中華民國存在的事實，可是如果連台灣自己都無法團結在中華民國之下，又如何要求中共正視呢？尤其是民進黨籍的總統，對中華民國都是虛情假意，陳水扁說中華民國是什麼碗糕，蔡英文寧可用「這個國家」也不願熱情地說出「中華民國」。在這樣的情形下，台灣沒有一個共同的政治認同，豈能團結？根據《遠見》雜誌的民調，中華民國提供了一個團結的可能性，更何況中華民國還是台灣安全的護身符。蔡英文一直在喊團結，卻不願從最大公約數下手，豈不是有口無心？我個人真心希望民進黨也能誠心對待中華民國，給自己機會，也給台灣機會。更重要的是，團結在中華民國之下，才是中共最擔憂的團結，也是最能為台灣爭取到時間與機會的團結。

團結之後才能談實力，實力也才能發揮。不過，今天談的實力也與過去不同。冷戰結束之前談到實力，主要是指「硬實力」，以軍事及經濟為主，但冷戰結束之後，國際社會亦發生相當大的變化，硬實力固然還是最重要的實力，但也增加了新的面向。就台灣而言，除了硬實力之外，還要增加兩個新面向，亦即「軟實力」與「聯結力」，今天的台灣是三種實力缺一不可。硬實力與軟實力容易理解，不再贅言，聯結力則是指台灣聯結世界與中國的實力。

與過去比較，中國大陸經濟在世界經濟的影響力愈來愈強大，是世界第二大經濟體與第一大貿易國，不僅擁有巨大的製造能量、龐大的市場和部分領先的科技，更有很大的成長潛力，而且它還在透過「一帶一路」政策來聯結更廣大的市場。這樣一個經濟體就在台灣旁邊，幸或不幸是角度問題，但這就是台灣的命格。台灣最理性的選擇是順著這個命格，將自己與中國大陸和世界更緊密地結合在一起。這種聯結所展現的實力是要：（一）讓台灣可以發揮類似亞太營運中心的功能。（二）讓台灣成為中國大陸與全球產業供應鏈中關鍵的一環。（三）讓台灣可以藉中國大陸的成長而成長。（四）讓台灣的制度優勢可以得到更充分的發揮。（五）讓前述的台灣的定位可以充分實現。

有了這三靠，台灣自然自信十足，不僅有信心面對中國大陸，更可以為自己爭取到更多時間與機會。這三靠為台灣創造了政治以及經濟上的戰略價值，就像穿在台灣身上的兩件盔甲，具有保護效果，但台灣不能光靠盔甲，更重要的是文化的戰略價值。余英時曾撰文指出當代中國面臨的意義危機，亦即傳統價值體系崩潰後卻找不到可以依靠的新文化價值[6]。五四運動所謂的「民主」與「科學」，在台灣只是膚淺地像灌木一樣，而非喬木式的深深扎根於地下。兩岸到今天都還未從這個意義危機中找到出路。習近平的「中國夢」還是政治的工具操作，而台灣則陷入統獨漩渦。在台灣，意義危機變成認同危機，而認同危機根本無法解決意義危機。解決意義危機，其意義在於發展一種價值體系，彼此不僅是有機聯結，而且嵌入於生活之中，讓生活在其中的人可以感受到作為一個人的尊嚴感、自由感、幸福感、希望感，安心而且自在。兩岸誰能創造這樣有意義的文化與生活，誰就有吸引力，這也是台灣應該努力的方向。

美國學者任雪麗在二〇一九年五月中曾說：「數十年來第一次，我能看到台灣海峽一條可望成真的通往災難之路[7]。」隨著民進黨全面執政，美中台戰略三角已進入不穩定狀態，中國大陸實力不斷增強，蟒蛇模式步步驚心，台灣不只不可能維持現狀，甚至可以說是危機在前。個人認為，戰略三角的崩潰是必然趨勢，問題只是方式與時機而已，台灣應該從這個角度來進行戰略思考與規劃，才能為自己謀求最佳的戰略利益。戰略三角的崩潰有五種模式，其條件各不相同，對台灣的衝擊當然有別，這固然值得台灣思考，但更重要的是，戰略三角的崩潰並不代表立即的統一或獨立。台灣如何為戰略三角的崩潰做好準備，並在崩潰後仍能維護自身的存在與自主性，才是台灣朝野應共同面對的挑戰。

最後，本人要提醒，台灣現在需要新三靠，否則沒有未來，我們所珍惜的生活方式也終將不保，但這三靠卻無一可得。或許有人認為，這是新政府的挑戰與責任，但個人認為台灣民眾也有責任，因為民主社會之下，人人都是選擇的一部分。

注釋：

1 陳至中，〈余英時：台灣面對中共威脅，要靠人文修養支撐〉，中央社，二〇一九年十一月二十二日，https://www.cna.com.tw/news/firstnews/201911220135.aspx。

2 林彥呈，〈小螺絲產值嚇嚇叫……台灣製造業隱形冠軍　逆勢搶市〉，聯合新聞網，二〇一九年一月二十九日，https://udn.com/news/story/7241/3619699。

3 有關九二共識的相關文章，請參閱馬紹章，〈九二共識丟不得〉，遠見華人菁英論壇，二〇一九年八月五日；馬紹章，〈為九二共識申冤〉，遠見華人菁英論壇，二〇一九年九月六日。

4 Kristoff, Nicholas, *This is how a war with China could begin: First,the lights in Taiwan go out.*, *New York Times*, September 4, 2019.

5 Rigger, Shelly, Taiwan on (the) Edge, Foreign Policy Research Institute, May 17, 2019. https://www.fpri.org/article/2019/05/taiwan-on-the-edge/.

6 余英時，〈自我的失落與重建——中國現代的意義危機〉，《中國文化與現代變遷》，台北：三民書局，一九九二年十一月，頁207-215。

7 Rigger, Shelly, op. cit.

附錄

什麼是「中國模式」？

「中國崩潰」與「中國崛起」這兩個看似矛盾的命題，誰對誰錯，從二十世紀末延續至今，仍然沒有定論。「崛起」與「崩潰」這兩個概念，聽起來好像都懂，但其實相當模糊。「崛起」這個概念雖然涉及層面較多，但較容易測量，例如經濟成長、GDP、軍事預算、創新能力，乃至於國際影響力等。至於「崩潰」，每個人心中所想可能並不一樣。首先，是「中國」崩潰，還是「中共政權」崩潰，或者是「社會」崩潰，抑或是「潰而不崩」？意義皆不相同。李登輝的「七塊論」比較接近中國崩潰，中共政權崩潰可能有許多模式，不過這不是本書探討的範圍。其次，何謂崩潰？何清漣和程曉農提出了「潰而不崩」的概念，「所謂潰，指的是社會潰敗，包含生態環境、道德倫理等人類基礎生存條件；不崩，指的是政權，即中共政權不會在短期內崩潰[1]。」換言之，社會與環境層面與政治層面崩潰的速度並不一致。崩潰的英文是collapse，根據《劍橋辭典》的解釋，是「the sudden failure of a system, organization, business, etc.」，亦即崩潰是突然發生的。從政治角度來談，崩潰應該是指國家無法履行其應有的功能而言。

有人押寶在「中國崛起」上，也有人押寶在「中國崩潰」上，但對台灣來說，與其說是預言，不如說是賭注。台獨與民進黨心中對台灣未來最大的希望，就是中共政權的崩潰，否則我們很難理解他們的兩岸政策。李登輝的「戒急用忍」政策多多少少與這樣的心理有關，他在一九九九年出版《台灣的主張》，書中提出的「七塊論」，也是一種崩潰論的期待。

本處並不是要探討中國究竟會崛起或崩潰，與其做這樣的預言，不如切實的了解中共的治理模式，因為中國不論是崛起或崩潰都與之有關。了解中國模式後，再押寶時或許會再三思。

新時代與中國模式

「中國模式」或「北京模式」這兩個詞大家耳熟能詳，一般是指市場經濟與威權政治的結合，但這樣的說法並無法掌握其重要的內涵。

中共十九大這一齣大戲雖然落幕，但緊張高潮的好戲其實在後頭。「新時代」一詞在十九大政治報告中出現了三十六次，雖非最高，卻是關鍵，似已預告中國未來要經歷另一番大變化，那是鳳凰浴火，是日薄西山，還是盛極而衰，或者是潰而不崩，各種猜測都有，但恐怕誰也沒把握。然而，從習近平過去五年的作為、十九大政治報告以及人事安排，至少可以看出習近平自己所設想的劇本。了解這個劇本，應是了解中國大陸未來的一把鑰匙。

十九大的政治報告與人事安排，習近平的色彩甚為明顯，可以說是他思想與意志的結合，這是在十五大江澤民與十七大胡錦濤兩人身上感受不到的氣勢，有如「新時代」這三個字的注腳。根據香港大學中國傳媒計畫的量化分析，習近平十九大報告與胡錦濤十八大報告的相似性高達百分之九十二，但不是大同小異，而是大同大異，差異的部分正透露習近平欲「總結理論，底定模式」的企圖。

總結理論：習近平的新時代中國特色社會主義思想

從鄧小平推動改革開放以來，尤其是在一九八九年以後，心中最深的憂慮應該就是西方意識型態可能帶來的和平演變，最終導致中共的統治結束。鄧小平心中很清楚，沒有經濟發展，中共面臨的是立即危機，遲早必亡；要發展就必須開放，但開放就必然有和平演變的風險。如何在發展的過程中降低，乃至於消除風險，可說是中共最艱鉅的挑戰。鄧小平在一九九二年南巡時曾說：「帝國主義搞和平演變，把希望寄託在我們以後的幾代人身上。」為了對抗西方的意識型態，也為了合理化引進市場機制，於是鄧小平在十二大提出「中國特色的社會主義」的說法。

江澤民、胡錦濤分別提出了「三個代表」以及「科學發展觀」來充實中國特色社會主義，但習近平顯然不想狗尾續貂，他要總結理論，也就是「新時代中國特色社會主義思想」。換言之，鄧小平開其端，習近平總其成，因此稱之為「思想」。胡錦濤在十八大時提到第一代、第二代、第三代領導人的說法，但習近平在十九大中用「新時代」取而代之，可見他不只是承先啟後，而是要總結創新。「新時代」一詞代表毛、鄧、江、胡都是舊時代，而習自己則是站在新時代的起點上，並且要創造新時代。

從報告架構來看，十八大與十九大涵蓋的面向相同，但用語與重點不同。胡錦濤的第二大段是「奪取中國特色社會主義新勝利」，但習近平將其分為「新時代中國共產黨的歷史使命」與「新時代中國特色社會主義思想和基本方略」，談使命、思想與方略，反映了總結理論的企圖。

堅持「黨控制一切」的原則

在「新時代中國特色社會主義思想和基本方略」這一段中，習近平用十四個堅持闡述中國特色，而胡錦濤的十八大報告中只用了八個。從表1可以看出，習近平在範疇、用語和排序上都與胡錦濤不同。在範疇上，習近平新增了「堅持社會主義核心價值體系」、「堅持全面依法治國」、「堅持人與自然和諧共生」、「兩岸關係」、「全面從嚴治黨」，更為周延。在用語上，胡錦濤的「堅持人民主體地位」被習近平拆成「堅持以人民為中心」及「堅持人民當家做主」，主要是增加了對社會民主的新闡述。胡錦濤的「堅持解放和發展社會生產力」，在十九大成了「堅持新發展理念」；「堅持維護社會公平正義」及「堅持共同富裕道路」在十九大合併為「堅持在發展中保障和改善民生」；「堅持和平發展」變成更有

表1 十八大與十九大政治報告有關「中國特色」的異同

十八大	十九大
「堅持人民主體地位」	堅持黨對一切工作的領導
堅持解放和發展社會生產力	「堅持以人民為中心」
「堅持推進改革開放」	「堅持全面深化改革」
堅持維護社會公平正義	堅持新發展理念
堅持走共同富裕道路	「堅持人民當家作主」
堅持促進社會和諧	堅持全面依法治國

堅持和平發展	**堅持社會主義核心價值體系**
堅持黨的領導	堅持在發展中保障和改善民生
	堅持**人與自然**和諧共生
	堅持**總體國家安全觀**
	堅持**黨對人民軍隊的絕對領導**
	堅持「**一國兩制**」**和推進祖國統一**
	堅持**推動構建人類命運共同體**
	堅持**全面從嚴治黨**

企圖的「堅持推動建構人類命運共同體」；「堅持黨的領導」在十九大被分成兩段，亦即「堅持黨對一切工作的領導」以及「堅持黨對人民軍隊的絕對領導」，不僅體現習近平的強勢風格，也更直白說明了黨在中國特色中的關鍵角色。在次序上，習近平開頭即是「堅持黨對一切工作的領導」，並且以「堅持全面從嚴治黨」結尾，首尾貫穿，其用意不難體會。

習近平說得很大膽，很直白：「黨政軍民學，東西南北中，黨是領導一切的。」習近平的邏輯也很清楚，黨既然要領導一切，就必須廉潔自制且有能力，才能取信於社會。在這種思維下，社會控制根本就是理所當然，這句話是說給知識份子和大商人聽的，從過去這幾年對言論的管制，證明習近平是說到做到。

十九大政治報告洋洋灑灑三萬兩千餘字，雖然和以前的政治報告有不少重覆，但它想展現的是非哲學概念的思想性，亦即更有系統地闡述中國發展過程的使命、定位、未來的願景、路徑與治理方式。就使命言，即是「實現中華民族的偉大復興」；就定位言，習近平和胡錦濤一樣，認為中國大陸仍處於「重要戰略機遇期」，也將長期處於社會主義初級階段，且是世界最大發展中國家，但也進入了中國特色社會主義的新時代。習近平認為這個新時代的主要矛盾，已不是胡錦濤所說「人民日益增長的物質文化需要與落後的社會生產之間的矛盾」，而是「人民日益增長的美好生活需要和不平衡不充分的發展之間的矛盾」。換言之，習近平定義的新時代，要解決的是不平衡不充分的發展問題，而不是落後的生產力；新時代三個字也說明習近平想要推動的是一場結構性的改變。

中國社會的美好願景

願景是中共統治正當性的重要基礎之一。十八大與十九大政治報告在願景上都強調「全面建成小康社會」，但習近平特別強化「強國」概念和「走近世界舞台中央」的目標，就像報告所言，要讓中國從站起來、富起來到強起來。十八大只提「文化強國」、「人才強國」與「海洋強國」，「強軍」只出現一次，而十九大提到「社會主義現代化強國」、「人才強國」、「製造強國」、「科技強國」、「質量強國」、「航天強國」、「網絡強國」、「交通強國」、「海洋強國」、「文化強國」、「貿易強國」、「體育強國」、「教育強國」，而且「強軍」一詞出現了十三次。除此之外，「中華民族偉大復興」出現二十七次，「中國夢」十三次，其意圖躍然紙上。由此可知，習近平對「戰略機遇期」的體會比胡錦濤更深刻，也更有企圖。

與十八大報告比較，習近平對願景的承諾更為具體，時間也拉到二十一世紀中葉，例如：二〇二〇年現行標準下的農村貧困人口實現脫貧，貧困縣全部摘帽，解決區域性整體貧困，也就是全面建成小康社會；從二〇二〇年到二〇三五年，在原有基礎上基本實現社會主義現代化；力爭到二〇三五年基本實現國防和軍隊現代化，到二十一世紀中葉把人民軍隊全面建成世界一流軍隊；從二〇三五年到本世紀中葉，把中國大陸建成富強、民主、文明、和諧、美麗的社會主義現代化強國。由此可以看出，習近平希望中國大陸依照他的劇本構想演出，一直到本世紀中葉，並以此訴諸中國大陸民眾對中共的認同與支持。

這些具體的承諾是習近平不能不給的承諾，因為這是中共繼續執政的理由，中共也需要時間來證明其有能力實現執政承諾。從這個角度來看，習近平深知中共面臨的其實是路線之爭，如果不能證明中共的路線能帶領中國走向它所承諾的願景，那所面臨的將是政權危機。

底定中國模式：中國物業管理公司

所謂習近平思想，就是要向中國人及世界證明「中國特色」或「中國模式」的價值，而且現在正是時機。如同十九大報告中所言：「中國特色社會主義道路、理論、制度、文化不斷發展，拓展了發展中國家走向現代化的途徑，給世界上那些既希望加快發展，又希望保持自身獨立性的國家和民族提供了全新選擇，為解決人類問題貢獻了中國智慧和中國方案。」對習近平或中共來說，「偉大鬥爭」仍在進行，趁著當前勢頭，這是不能不為，也不得不為，否則終究要向西方自由主義的道路低頭。

有了願景，接著就是路徑與治理模式。西方主流觀點一向認為，中共政權如果不走向自由民主的道路將難以持續，因此各種版本的崩潰論時有所聞。然而中國大陸的發展，以其規模、速度、複雜程度而言，都是人類社會首見，充滿不少矛盾或令人困惑的現象。為什麼這麼多人宣稱中國大陸的體制難以產生創新企業，但各種數據又顯示中國大陸企業的創新能力不斷增長？為什麼人民生活在一個外界看來是既高壓又汙染的社會中，卻依然高度支持這個政權？為什麼一個政權的腐化如此普遍，經濟卻又能高速成長？事實上，在主流觀點之外，「中國模式」的說法愈來愈流行，尤其在西方民主模式也面臨困境之時。對習近平來說，現在正是把中國模式予以理論化的時機。

王滬寧這一次能夠入常，亦可從這個角度來理解。王滬寧是從事政治理論與戰略的工作者，亦即對體制、生活、外交乃至於未來，賦予意義、原則、戰略與目標，這正是習近平所迫切需要者。王滬寧從江澤民時代開始，就已進入體制做理論工作，而且得到肯定。這一次入常，除了信任之外，顯然他掌握到習近平所需要的東西，也象徵習近平對理論化與大戰略的重視。可以這麼說，和西方意識型態的鬥爭，就是習近平腦海中的偉大鬥爭，而王滬寧就是旗手。

然而，何謂「中國特色」、「中國模式」，或習近平口中的「中國方案」？學者說法各有不同，例如「國家資本主義」、「共產黨資本主義」、「極權主義加資本主義」或「北京共識」等，大體上都是「威權」與「市場」的結合，但其內涵應不止於此而已。不論是中國特色或中國模式，真正的核心還是在於治理，在於國家、黨和社會的關係，這一點從習近平這五年的作為與十九大報告，即可窺其端倪。

打個比喻來說，如圖1所示，中國社會就像一個龐大的物業，中國共產黨就是物業管理公司，習近平則是手握最後決定權的總裁。人民既是物業所有權人，但本身也是物業一部分，換言之，中國境內的人力與自然資源都是受管理的物

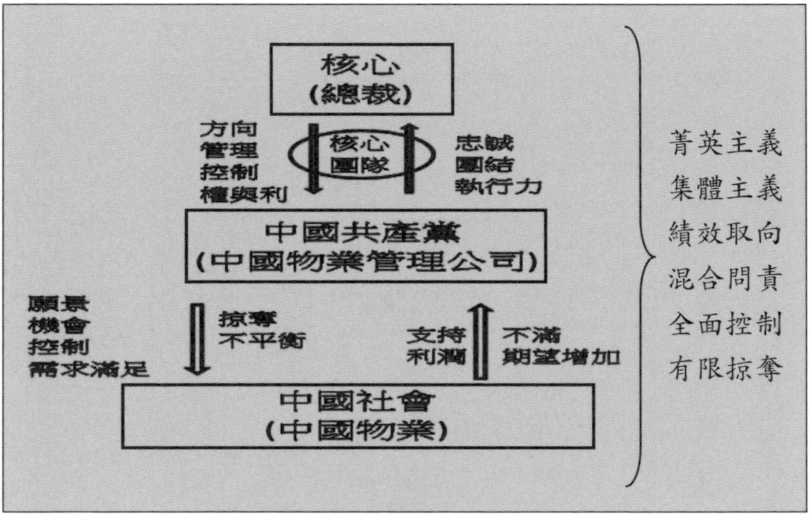
核心
(總裁)
方向
管理
控制
權與利
核心
團隊
忠誠
團結
執行力
中國共產黨
(中國物業管理公司)
願景
機會
控制
需求滿足
掠奪
不平衡
支持
利潤
不滿
期望增加
中國社會
(中國物業)
菁英主義
集體主義
績效取向
混合問責
全面控制
有限掠奪

圖1 「中國模式」圖示

業。中共作為物業管理公司，它既提供創造以及提升物業價值的願景與承諾，同時也提供所有權人發展的機會，除此之外，它也承諾解決物業的各項問題，或者滿足所有權人的各種需求。為確保獨占性，物業管理公司也運用各種控制手段，防止各種可能的挑戰。由於是獨占公司，不可避免地會對物業有掠奪現象，以及種種的貪腐行為。為加速提升物業價值，結果也造成物業發展不平衡（貧富差距）。中國物業回饋給中國物業管理公司的，除了支持（或者說繼續委託的授權）與利潤（反映在稅收上）外，也有日漸增長的需求以及對控制與掠奪的不滿。

習近平身為管理公司總裁，他也要向員工（黨員）強調，只有實現承諾，只有滿足物業需求，只有讓所有權人信任公司（中共），才有可能永續管理這個物業並維持獨占性。他提供給員工的是方向、管理、控制以及權與利，同時也要求員工忠誠、團結，並且具有執行力，實現公司對物業的願景承諾以及對物業的控制。

這個「公司模式」可以從以下幾個面向來分析：

一、菁英主義vs.大眾主義

菁英主義者，就是認為社會中某些人比大多數更有智慧、遠見與洞見，更有解決問題的能力，因此也能為國家社會謀求更大的福祉，決策權力應該交到這些人手中。大眾主義剛好相反，認為一個人再聰明，所知仍有限，也就是「一個諸葛亮，抵不過三個臭皮匠。」這兩種看法的爭辯至今未歇，尤其在民主政體本身亦出現不少問題時，更讓某些人對公司模式表示欣賞。即使像佛里曼（Thomas Friedman）這樣的資深媒體人，都曾希望美國能做一天的中國，然後利用這一天解決美國民主體制難以處理的問題，包括經濟與環境問題等等。

幾乎所有成功（獲利且能持續存在）的公司，沒有一家是依循大眾主義，它們都是菁英主義的信奉者，有些領導人甚至被稱為有偏執狂，像蘋果的賈伯斯、英特爾的葛洛夫。

菁英主義在邏輯上必然強調政府的功能與角色，共產體制下的計畫經濟，就是菁英主義的思維。中共堅持一黨專制，鄧小平的四個堅持中即有「堅持共產黨的領導」，但歷經江、胡之後，仍有範圍與深淺上的不同。改革開放之後，中共對社會控制的鬆緊與社會情勢有關，六四之後較緊，胡錦濤時代比較鬆，政治體制改革的聲音時有所聞。習近平顯然與其前任不同，不僅更強調黨的角色，也更突出領導核心的地位。

習近平更把菁英主義推到極端，有點類似柏拉圖共和國中的「哲君」（philosopher king），或者儒家所謂的「聖王」。現代也有個比喻，強調領導的重要性：如果由獅子帶領一群羊，羊群也會變成獅子，如果由羊帶領一群獅子，獅群也會變成羊。習近平過去幾年一步步集中權力，核心一詞再度出現，而且從十九大人事布局來看，政治局已是「總裁制」，其他人都只是他的部屬而已。習近平這麼做，除了時勢的需要，也是因為看到了時勢的機會：

（一）集體領導反而造成集體貪腐，尤其是上層的貪腐更形嚴重。權力愈大腐化愈嚴重，從周永康、徐才厚、郭伯雄等人觀之，已到了令人咋舌的地步。沒有集中權力，很難推動上層的反腐工作。胡錦濤也喊反腐，也強調不反腐會亡黨亡國，但最後淪為口號，其差別明顯可見。習近平剛開始反腐之時，幾乎無人預期規模會如此大，力度會如此強，時間會如此長。實際結果顯示，在強勢領導之下，才有可能出現如此的反腐廣度、強度與長度。

（二）集體領導反而形成利益集團，對這一點習近平感受特別深刻，因為他自己差一點就淪為利益集團下的犧牲品。利益集團會使「掠奪」愈來愈難以限制，終致危及中共的地位。掠奪難免，但必須限制，要扭轉這個趨勢，在中國模式下，也唯有透過集權，而非制度的制衡。

（三）要建立新時代，要將中國推向強國，需要強勢領導才能大破大立。習近平固然感受到執政危機，但也看到時代給他的機會，他顯然想要利用這個機會，既創造中國輝煌，也建立個人功業。過去的集體領導每人各據一方，對於重大改革反而難以形成共識。習近平推動軍區與軍種的改革，在胡錦濤時代，根本是不可能的事。

（四）推動重大改革必然撼動既得利益，增加敵人與不滿，為了對付敵人與不滿，又更需要將權力集中，尤其是控制軍人與公安部門的權力，才會有安全感。習近平在十九大前已實質控制三把「刀把子」，在十九大報告中，習近平強調「堅持黨對人民軍隊的絕對領導」，但實際上是他個人對軍隊的絕對領導，而且「必須全面貫徹黨領導人民軍隊的一系列根本原則和制度」，包括他所謂的「軍委管總、戰區主戰、軍種主建」。十九大中有軍隊代表三百名，其中百分之九十都是第一次參加黨全國代表大會，此外，第十八屆中共中央委員會四十一名軍隊代表中只有六名留任，可見習近平對軍隊的掌握有多緊。

權力集中之後就是權力鞏固。習近平既要鞏固權力，又要貫徹自己的意志，就必須建立完全對自己忠誠的核心團隊，換言之，就必須在人才拔擢上下功夫，這也是胡錦濤時代所未見的。二〇一六年一月二十九日，習近平在中共中央政治局會議上首度提出「政治意識、大局意識、核心意識、看齊意識」，在中國共產黨成立九十五週年大會上的講話也再度強調這四個意識，十八屆六中全會通過的「關於新形勢下黨內政治生活的若干準則」，四個意識也在其中。十九大政治報告從嚴治黨段落，也兩度提及這四個意識。政治意識是從政治角度看問題，大局意識是認識大局要求，核心意識是圍繞核心，看齊意識是向黨中央看齊。這是胡錦濤時代所沒有的用語。習近平強調這四個意識，是講給幹部聽的，因為這是拔擢人才最重要的標準，在這四個標準之上才有能力高低的問題。這四個意識是確保個人權力得以鞏固，全黨方向得以一致的要求；孫政才雙開落馬，胡春華未入常，應該都與此有關。

二、集體主義vs.個人主義

不少學者指出，中國文化與西方文化的一項主要差別，在於集體主義與個人主義的傾向上。西方的自由民主是建立在個人主義之上，個人優先於集體，強調的是個人自由與權利，以及自我的實現。集體主義強調的是群體的和諧、團結、福祉與尊嚴，認為個人的福祉並不等於集體的福祉，為了追求集體福祉，甚至應該犧牲個人福祉。

從十九大政治報告中，可以感受到極其強烈的集體主義色彩，例如「中華民族偉大復興」、「中國夢」、「從站起來、富起來，到強起來」、「走近世界舞台中央」、以及各種「強國」概念等，都是集體主義的表現。習近平也明白表示「堅決防止和反對個人主義、分散主義、自由主義、本位主義、好人主義」，而且要「加強愛國主義、集體主義、社會主義教育」。

在集體主義之下，為了追求中華民族偉大復興或實現中國夢，犧牲某些個人的權益與加強管制，是必要之惡。集體主義就是中國模式的特色之一，因為它提供政權以集體福祉為由而犧牲個人的理由，例如對個人言論的管制，和過去這一段期間北京清除低端人口的種種措施。只要中國人民依舊迷信集體主義，中共統治就有了正當性，集權就有了藉口，侵犯個人權利就可以被容忍，也難怪習近平要加強愛國主義、集體主義、社會主義教育了。

三、績效取向vs.程序取向

從公司的角度來看，績效（Performance）即使不是唯一指標，也是最重要的指標。沒有績效的公司根本就沒有存在的價值。習近平的十九大政治報告其實就是習總裁在股東大會向股東提出的報告，因此，不僅要說明過去五年的績效，更要具體提出未來要達成的目標，以及對物業各種問題的認識與解決的承諾。

不少學者已經指出，維持經濟成長是中共維護其政權正當性的重要基礎之一，其實績效面不只經濟成長而已，也包括社會、環境問題的解決、滿足日漸增長的需求，還有中國人的國際自尊等等。中共選擇改革開放，它與人民無異建立了新契約，績效也就取代了共產主義意識型態。

中國貪腐問題嚴重，這是制度與發展的必然現象，眾所皆知；官員掠奪國家資產之事也不是新聞。但除了貪腐，中共自改革開放以來，經濟快速成長，數以億計的民眾脫貧，大量中產階級誕生，也是不爭的事實。只要看中國大陸一、二線城市的發展與變化，就可以感受到中共治理的績效，也就是所管理的物業價值大幅提升。貪腐固然要打，但讓績效遠大於貪腐，或許更為重要。

對中共來說，績效取向也形成一種螺旋式的挑戰。由於過去經濟發展的績效，使中共的統治獲得部分正當性，但也因為績效不錯，人民（股東）的期望也水漲船高；日漸增長的需求又對中共能力的提升形成更大壓力，挑戰會愈來愈大，因為好吃的肉都吃完了，未來可能都是硬骨頭。績效依賴本領，沒有本領就沒有績效。習近平在十九大報告中最後一段特別突出執政能力一項，「領導十三億多人的社會主義大國，我們黨既要政治過硬，也要本領高強。」他特別點出「七大本領」：政治領導本領、改革創新本領、科學發展本領、依法執政本領、群眾工作本領、狠抓落實本領、增強駕馭風險本領。由此可知，習近平深知執政能力的重要性，但績效取向總有其極限，一旦到了門檻，無法滿足需求，那就是政權危機。

程序取向是民主思維，重視程序正當性，也是對中國物業管理公司「獨占性」的威脅。在習近平看來，只有不斷強調與證明績效取向，才有可能消解程序取向對政權正當性的威脅。不過，程序取向並非不存在，而是在績效取向之下，這也是集中統一領導之下的民主協商，集中統一領導是為了落實績效，而民主協商是為了滿足程序需要而已。

四、混合問責

問責是治理的核心要素，不管是那一種治理模式都一樣，但形式則不相同。民主體制是以「公共問責」（public accountability）為主，公職人員有義務對其政策、行為公開資訊，提供合理化的說明，如有違失更應接受相應的懲處。民主體制下的問責展現於相關法律（例如《行政法》）以及制度安排（例如議會質詢）之中，透過這些安排，公職人員與民眾之間有了責任上的聯結，也使得問責具有公共性。

至於中國大陸的體制，當然與民主的公共問責有相當距離，但如果沒有問責的制度，也會增加治理的難度，甚至危及人民與共產黨之間的關係。一黨體制與貪腐尋租本質上就是一體兩面，一黨體制講究的是控制，但控制愈多，漏洞也愈多，人民的不滿當然也愈高。二〇一八年七月爆發的疫苗事件，反映的正是這種體制上的困境。因此，如何維持某種程度的平衡，不僅關係到共產黨政權的正當性，也關係到中國大陸經濟體制轉型的成功與否。

過去中國大陸的問責偏向於內部問責，人民無法參與，官員只需向黨負責，而不是向人民負責。隨著改革開放、資訊科技和經濟發展的需要，中國大陸的治理體制也必須做出相應調整，這也包括問責制度。習近平的反貪腐，基本上就是向人民呈現問責的實務安排。在十九大報告中，雖然「問責」兩個字只出現過一次，卻十分重視從嚴治黨，包括一些制度上的安排，例如從中央到地方的巡察制度，同時也包括國家監察體制的改革。二〇一八年三月人大通過《監察法》，依該法從中央到地方都組建監察委員會，並與黨的紀律檢查機關合署辦公。這個監察委員會多少有點疊床架屋的感覺，但就像該法第四條所言：「監察機關辦理職務違法和職務犯罪案件，應當與審判機關、檢察機關、執法部門互相配合，互相制約。」「互相制約」四個字恰好說明了審檢與執法部門的不足。這些問責的制度安排公共性並不高，不過中國大陸也有一些創新的做法，例如電視問政。

電視問政起源於二〇〇五年的甘肅蘭州與湖北武漢，後來又擴及到二十多個省市，而且延續至今，由此可見其具有相當效用[2]。電視問政是由與民生相關的地方機關一把手，親自上電視接受觀眾詢問並評分，觀眾反映的問題都是民怨之所在，問題也相當尖銳，上電視的首長得面臨很大的壓力，時有臉紅流汗的情況。中國傳媒大學文法學部法律系副主任鄭甯即指出，「電視問政，首先是一個公眾參與的平台，便於官員與公眾之間進行對話和溝通，來解決問題；另一方面也是公眾行使對官員的監督權的一種形式[3]。」電視問政或許是非常規，但公共問責的強度稍強，也算是一種制度上的創新。由此可知，社會上有公共問責的需求，中共政權不可能完全置之不理。

總而言之，內部問責已無法滿足治理上的需求，中共必須納入公共問責的制度安排，形成一種混合問責。不過公共問責的需求有多強，就看內部問責在民間的效果與可信度如何，或許這也是習近平如此強調從嚴治黨的原因。

五、全面控制下的全面依法

法治不足一直是外界對中共政權的批評之一，而且認為如果不能建立法治，中國大陸就會碰到發展的瓶頸。習近平上位後即強調全面依法治國，在十九大更宣示成立「中央全面依法治國領導小組」，可見他有重視此點，至於未來可以發揮什麼樣的作用，尚待觀察。但從過去五年的經驗來看，習近平的「全面依法治國」與西方的「法治」概念並不相同，它其實是一把兩面刃，一面是以法來管理黨和政府，另一面則是以法來控制社會。以法管理黨和政府，也就是習近平所說的「把權力關進制度的籠子裡」。習近平顯然深知民眾對權力腐化濫用深惡痛絕，他多次有關法治建設的講話，幾乎都是圍繞這個主題。但對中共來說，更重要的是以法來控制社會，例如近來對NGO的管理、對網路的管制、新通過的《國家情報法》等。法律在手就是工具在手，至於何時動手，則是政治決定。

在習近平眼中，「法」基本上是治理工具，可以說是把「權力法律化，法律工具化」。全面依法治國就是全面控制，就是黨要領導一切。當然，現在的中國大陸已很難用傳統的極權主義去定義，本文所謂全面控制，並不帶有全面改造社會的企圖，而是基於穩定和維護獨占性的需要，對社會各層面活動的監控。就範疇來說，思想、社會、媒體與市場是四個最可能導致不穩定的領域，也是控制的重點；就手段來說，則有軟有硬。

對於思想、媒體，習近平認為黨要「牢牢掌握意識形態工作領導權」，要「高度重視傳播手段建設和創新，提高新聞輿論傳播力、引導力、影響力、公信力。加強互聯網內容建設，建立網絡綜合治理體系，營造清朗的網絡空間。」在培育社會主義核心價值觀上，要「堅持全民行動、幹部帶頭，從家庭做起，從娃娃抓起。」甚至於鼓勵藝術領域「不斷推出謳歌黨、謳歌祖國、謳歌人民、謳歌英雄的精品力作。」這幾年中共在言論上的管制愈趨嚴厲，已是不爭的事實，而且在未來只會更嚴而已。

在社會領域，習近平既強調解決就業、教育、社會保障體系、脫貧、醫療的問題，但他也把國家安全放在這個領域中，強調「嚴密防範和堅決打擊各種滲透顛覆破壞活動、暴力恐怖活動、民族分裂活動、宗教極端活動。」在這種思維下，中共對社會的控制力道比以往更為強大，也更有技巧。雖然各類民眾抗議事件愈來愈多，但中共藉由以下控制手段，使其難以威脅政權。這些手段包括：提高抗議升級成本，讓抗議者有所顧忌；管制網路，使其難以結盟；適當容忍，有如釋壓閥作用一般，以免壓力過度累積。

鄧小平改革開放最重要的改變，其實是把市場引進中國大陸，但仍有所保留，這個保留就是政府對市場的控制。即使習近平一直在強調要讓市場在資源配置中起決定性作用，但也沒有忘記，「『看不見的手』和『看得見的手』都要用好。」市場要有效決定資源配置，所以必須有某種程度的自由，但這種自由又不能成為經濟或社會不穩的根源，必須要有控制。

中共對市場的控制猶如一把剪刀，一邊是積極支持或扶植戰略性產業，例如《時代週刊》提到，主導未來的ＡＩ產業競賽上，中國勝出的可能性比較大，因為中國政府有更強的決心以及更深的口袋。另一邊是防止不穩定或混亂情況發生，其中包括金融市場與就業市場的穩定。這些都已不待多言。

全面控制這一點，或許是中國模式中最難學習或模仿的一部分，最終也將成為中國模式最大的挑戰。中共從建政開始即深度滲透社會，這不是其他發展中國家的政黨可以望其項背，而且中共擁有資源與科技的協助，因此其他國家會出現的顏色革命或花朵革命，在中國大陸都未曾出現。

六、有限掠奪

獨占公司可以對顧客予取予求，中共在中國大陸也是獨占企業，掠奪與貪腐也是必然現象，可以說，掠奪與貪腐就是中國特色的內在本質，問題只在程度而已。尤其是在改革開放之後，隨著經濟成長，掠奪與貪腐現象愈來愈普遍，愈嚴重。周永康、徐才厚、郭伯雄、令計畫這些大咖的貪腐，反映中共自上至下的各級領導，已將貪腐網絡化、集團化，不僅難覓清廉之人，即使想清廉都不容易。

雖說經濟成長帶來人民生活的改善，中產階級的增加，但貧富差距擴大也是不爭的事實，在掠奪、貪腐的對照之下，自然民怨日增。掠奪與貪腐在經濟快速成長時人民或可容忍，因為人民沒吃到肉，至少也喝到湯，啃到骨。一旦經濟成長開始下滑、趨緩，人民對掠奪、貪腐的容忍度自然降低，如果不予以限制，必將危及中共統治的正當性。

習近平強力打擊貪腐，可謂「一箭三鵰」。一是增加個人聲望，二是剷除異己，三是強化中共政權的正當性。然而習近平也了解，在這樣的體制下，只能以有限的掠奪與貪腐為目標，否則整個體系也會陷入危機。習近平雖說「反腐敗無禁區、全覆蓋、零容忍，堅定不移『打虎』、『拍蠅』、『獵狐』」，但這只是口號，因為做不到。不少我在中國大陸的朋友都表示，這些政策只是讓貪腐的運作更細緻而已。不過，習近平在高層領導部分，應當已起了威嚇作用，由習近平十九大報告及作為來看，他是想利用監察制度、巡視制度以及人才的甄補制度三合一來導正高層貪腐現象，至於能否有效築起一道防貪的護城河，也是有待觀察。

難以調和的矛盾

不少人認為中國大陸愈來愈有自信，尤其是在國際舞台上。習近平強調要有道路自信、理論自信、制度自信與文化自信，說穿了就是對中國特色的自信。但十九大報告一方面強調自信，另一方面又強調管制，正說明了中國特色本身的矛盾。如何成功處理這些矛盾，將決定中共的命運。

一、核心與制度的矛盾

習近平在十八大上位後，一步步肅貪與集權，至少已超越了江、胡兩人，這一點從「習核心」、「習思想」以及十九大人事安排可以得到確認。前已提及，習近平看到集體領導的弊病而改走集權於一人的路線，並且打破了現有的接班安排。對研究中國政治的學者來講，中共未來接班制度的不確定性更高，甚至沒有人敢確定習近平是否會在二十大後繼續留任。然而，權力過度集中於一人有其優點，也有不少風險。

從中國歷朝歷代的歷史來看，幾乎都是先盛後衰，家天下的結果，一代不如一代，如何能夠不走上衰敗之途？哲君或聖王的產生有可能制度化嗎？有學者以「賢能政治」（meritocracy）來描述中共人才的甄補，從中共近幾代領導菁英的從政歷程來看，的確都有相當的歷練與能力，至少保證不會出現無能之輩。然而，過去的甄補方式無法防止貪腐的惡化與向上的蔓延，也無法防止利益集團的產生。

個人認為，其中的關鍵在於篩選機制，習近平顯然已著手改變。習近平在十九改變了十七大以及十八大的中央領導產生方式。從十七大與十八大的官方報導來看，採用的是新的民主推薦方式，參加會議的中央委員、候補中央委員和有關負責同志約四百餘人，每人有一張橘紅色的民主推薦票，上面按姓氏筆畫排列近兩百名符合資格人的名單。十七大的創舉或許是胡錦濤想要藉民主的方式來削弱江澤民的勢力，但效果顯然不大。等到習近平權力集中之後，他在十九大就改變了民主推薦方式為談話調研的方式。

根據新華社的報導，二〇一七年四月二十四日，習近平主持中央政治局常委會，討論通過了「關於十九屆中央領導機構人選醞釀工作談話調研安排方案」。根據該方案，談話調研重在集思廣益、統一認識，不限定推薦人數，人選推薦票數僅作為參考，不以票取人。從四月下旬至六月，習近平專門安排時間，分別與現任黨和國家領導同志、中央軍委委員、黨內老同志談話，充分聽取意見，前後談了五十七人。其他中央相關領導同志，分別聽取了正省部級、軍隊正戰區職黨員主要負責同志和其他十八屆中央委員，共兩百五十八人的意見。中央軍委負責同志分別聽取現任正戰區職領導同志，和軍委機關戰區級部門主要負責同志，共三十二人的意見。

在這些意見與建議的基礎上，九月二十五日，中央政治局常委會提出新一屆中央領導機構的組成人選方案，再由九月二十九日中央政治局會議審議通過新一屆中央領導機構人選建議名單，提請十九屆一中全會和中央紀委一次全會，分別進行選舉、通過、決定。

這種方式在人事甄補上有什麼意義？首先，它其實是給習近平更大的操作空間，畢竟民主推薦還是有一些難以掌握的因素存在，也給派系或利益集團操作的空間。或者說，習近平的意志透過新的方式可以有更大空間，所掌握的資訊也更多，也可以減少用人判斷上的誤差。其次，這種方式可以傳達更清楚的訊息給未來有潛力的幹部，要符合什麼樣的標準才有可能進入中央領導的位置，尤其是習近平所強調的「四個意識」。

這樣的方式能否成為一種制度，或者說是否符合制度的定義，不無疑問。一方面領導者集權於一身，現任或繼任者都可能進行無法預測的調整；另一方面，領導者是否有任期至今無人知曉，即使習近平只做兩任，他退下來之後，由他指定的繼任者能擁有像他一樣的權力嗎？制度本身就內含「限制」的意義，而菁英主義的極端與「限制」卻是互不相容的，這種矛盾完全仰賴領導者的英明與自制，但這又何其困難！

十九大後，習近平又一改往例，由中央組織部部長陳希接任中央黨校校長。過去幾任黨校校長都由政治局常委接任，包括胡錦濤與習近平在上位前都兼任黨校校長。現在改由組織部長接任，一方面是因為這一屆已無儲君可以接任，另一方面應該也是習近平希望組織部在人才甄補上發揮更大的作用，藉以拔擢及培訓他心中的幹部。

把中國推向輝煌，需要的是有龐大權力的領導者，但中國需要的是這種以領導為基礎的輝煌嗎？以制度為基礎的輝煌，或許不如以領導為基礎的輝煌來得耀眼與效率，但制度卻可以是長治久安的保險。現在習近平想追求輝煌，但也應該思考輝煌背後的代價與風險，並以限制自己的權力與欲望來為中國建立制度。鄧小平是強人，但他駕著危船，且初步建立制度讓船得以穩定航行；現在習近平駕著大船，如果沒有制度，可能衝向何方呢？

二、統一思想後的系統風險

習近平比江、胡都更重視思想上的統一，的確，從公司的角度來看，大家有共同的目標與戰略後力量才不會分散。習近平強調四個意識，並以此作為人才甄補的標準之一，從十九大的人事布局來看，可以說將來一切都是以習近平馬首是瞻。然而統一思想之後，系統風險就相對提高，因為不論在個人或制度的層次上，不同的聲音都會被當成雜音而受壓制。

習近平的十九大報告幾乎集結了人類美好社會的所有用詞，然而，世界上沒有完美這件事，所謂魚與熊掌難以兼得。即使是民主國家也是問題重重。任何社會都面臨資源有限、輕重緩急有別的限制，任何選擇也因此都有犧牲。然而，習近平思想對這些價值兩難，除了「堅決防止和反對個人主義、分散主義、自由主義」外，並沒有任何系統性的論述，因此最終都歸到黨的領導，黨的領導又歸到核心身上。在這種情形下，很難期待其他層級的領導會有主動積極的作為、發出不同的聲音或提出創新的做法，於是「寧左勿右」，這就是系統性風險。

在這種思維之下，中共面對任何維權的抵抗或香港對自治的要求，自然會走向高壓之路，不會思考其他可能的選項。我們也可以由此推測，中共的維穩經費只會愈來愈多。能力總有極限，我們擔心的是中共把這條路走成不歸路，最終結果如何，恐怕都不是中共自己所樂見。

三、法治與黨治的矛盾

習近平強調全面依法治國，一方面是想要將權力關進制度的籠子裡，另一方面是想利用法來更嚴密的控制社會。然而，要將權力關進制度的籠子裡主要是靠制衡，包括獨立的司法、反對黨的制衡以及媒體的監督，但這些在中國大陸都付之闕如。

鄧小平的改革開放釋放了社會力量，創造大量財富，但中共的一黨專政，擴大並深化了貪腐和不平衡的發展。創造了大量財富，人民生活得以改善；同時因為貪腐的擴大，激化了社會的矛盾。這是中共政權內在的弔詭。這種內在的弔詭，中國模式無法提供制度的解方，除非一黨體制改變。事實上，這種制度根本不會誕生，因此只有依賴像習近平這樣的強勢領導來調和此一內在弔詭。現在中國大陸反腐，靠的是習近平堅決的意志，一旦意志鬆動，貪腐恐怕會變本加厲。這就是法治與黨治的矛盾。

在民主社會，法律既限制，但也同時保障人民的權利，而且更重視人民權利的保障。但在中共的思維下，法治是中國共產黨藉以控制社會的工具而已。在一個沒有司法獨立的體系之內，談法治其實就是談控制而已。

習近平想總結理論，底定中國模式，但這個模式的核心卻又是不確定的核心領導，除非哲君或聖王的產生得以制度化，代代都是習近平，然而，這似乎又是天方夜談。

不論是「中國特色」、「中國模式」或「中國方案」，成功與否不是看現在，而是看未來，這一切都有待實踐來檢驗。劇本畢竟是劇本，實際上怎麼演，我們也只能走著瞧。但無論如何，中國大陸的治理方式不斷在變化，國家與社會的關係也順應著社會經濟的發展而調整。

注釋：

1 何清漣、程曉農，《中國潰而不崩》，新北市：八旗文化，二〇一七年十一月，頁30。

2 陳磊、陳佳韵，〈二十五省份已開播電視問政節目　如何避免「真人秀」？〉，《法制日報》，二〇一六年三月三十日，http://www.chinanews.com/gn/2016/03-30/7816592.shtml。

3 Ibid。

國家圖書館出版品預行編目(CIP)資料

大崩潰：一次看懂美中台戰略三角 / 馬紹章著. -- 第一版. -- 臺北市：遠見天下文化, 2020.02
面；　公分. -- (社會人文；BGB486)
ISBN 978-986-479-943-5 (平裝)

1.臺灣政治　2.美中臺關係

573.07　　109001174

社會人文 BGB486

大崩潰

一次看懂美中台戰略三角

作者 — 馬紹章

總編輯 — 吳佩穎
責任編輯 — 賴仕豪（特約）
封面設計 — 李健邦
全書圖表製作、提供 — 馬紹章

出版者 — 遠見天下文化出版股份有限公司
創辦人 — 高希均、王力行
遠見・天下文化・事業群 董事長 — 高希均
事業群發行人／CEO — 王力行
天下文化社長 — 林天來
天下文化總經理 — 林芳燕
國際事務開發部兼版權中心總監 — 潘欣
法律顧問 — 理律法律事務所陳長文律師
著作權顧問 — 魏啟翔律師
地址 — 台北市 104 松江路 93 巷 1 號 2 樓
讀者服務專線 — 02-2662-0012 ｜ 傳真 — 02-2662-0007, 02-2662-0009
電子郵件信箱 — cwpc@cwgv.com.tw
直接郵撥帳號 — 1326703-6 號　遠見天下文化出版股份有限公司

電腦排版 — 極翔企業有限公司
製版廠 — 東豪印刷事業有限公司
印刷廠 — 柏晧彩色印刷有限公司
裝訂廠 — 聿成裝訂股份有限公司
登記證 — 局版台業字第 2517 號
總經銷 — 大和圖書書報股份有限公司　電話／ (02)8990-2588
出版日期 — 2020 年 7 月 10 日第一版第 3 次印行

定價 — NT400 元
ISBN — 978-986-479-943-5
書號 — BGB486
天下文化官網 — bookzone.cwgv.com.tw

天下文化

BELIEVE IN READING